U0937932

《百年党史在浙江》系列成果

初心不变 再展新程

中国共产党德清纪事

中共德清县委党史研究室
德清县档案馆 编

人民日报出版社
北京

前　言

2021年是中国共产党成立100周年，中国共产党带领中国人民开启全面建设社会主义现代化国家新征程。百年华诞风华正茂，百年征程波澜壮阔，百年初心历久弥坚。为庆祝中国共产党成立100周年，中共德清县委党史研究室、德清县档案馆编撰了《初心不变 再展新程：中国共产党德清纪事》一书，为党的百年华诞献礼。

全书主要展现在党的革命时期、建设时期、改革时期和中国特色社会主义新时代德清取得的主要成就，撷取其间最具代表性的重大事件，记录德清地方党组织带领全县人民进行社会主义革命、建设、改革艰苦卓绝的辉煌历程，反映德清政治、经济、社会、文化、生态和党的建设等方面发生的深刻变化，展现德清人民在党的领导下不忘初心、砥砺前行，奋力谱写中国特色社会主义新篇章的昂扬斗志。

1919年五四运动爆发后，德清各界进步人士以实际行动积极投身革命运动，并逐渐产生了对社会主义和共产主义的向往。随着工农运动的发展，先后产生了一批积极分子，为发展共产党员、建立党组织准备了条件。1927年5月，中共新市支部建立，标志着德清建党的开始；1929年6月，中共德清县委建立，揭开了德清历史的新篇章。从德清党组织建立到1949年5月德清解放的22年里，党领导德清人民走过了土地革命战争时期、全面抗战时期、解放战争时期，经过浴血奋战，完成新民主主义革命，迎来了解放。

从1949年中华人民共和国成立到1978年党的十一届三中全会召开的29年里，党领导德清人民进行社会主义革命和社会主义建设并取得巨大成就。在这29年中，德清取得了巩固人民政权和恢复国民经济的胜利，完成了对农业、手工业和资本主义工商业的社会主义改造，建立了社会主义基本制度，全县政治、经济、文化、社会等各方面的建设都取得了显著成就，改变了德清“一穷二白”的落后面貌，为德清在改革开放后的经济发展提供了基本条件。

1978年，改革开放的春风吹遍全国，德清人民在党的领导下开拓进取，创造了“产学研”相结合的“德清模式”、农民造钢琴的传奇故事、“定权不定田、定量不定位”的股票田等众多在全省乃至全国具有巨大影响的事件，也作出敲响全国缫丝压锭第一锤、县治搬迁、接沪融杭、发展“洋家乐”等改变全县经济发展、调整产业结构的重要决策。党的十八大以后，德清人民以时不我待、敢为人先的精神全面深化改革，推进统筹城乡发展、城乡体制改革、土地管理创新，推动城乡转型、产业转型、动力转型，逐渐形成全面深化改革的“德清新样本”。

历史是最好的教科书。站在“两个一百年”奋斗目标的历史交汇点上，既要充满信心，也要居安思危；既要胸怀中华民族伟大复兴战略全局和世界百年未有之大变局，也要始终牢记德清人民紧随党的领导不畏艰难和百年奋斗之历程。《初心不变 再展新程：中国共产党德清纪事》一书是党史部门围绕中心、服务大局开展德清党史研究的一项成果，旨在全面展示德清地方百年党史，成为全县党史、新中国史、改革开放史、社会主义发展史学习教育的基本读本，成为全县人民了解德清百年党史的重要窗口。由于编者水平所限，对史料的搜集和选择会有疏漏和偏颇，难免会有不妥之处，恳请广大读者批评指正。

《初心不变 再展新程：中国共产党德清纪事》编写组

2021年1月20日

目　录

五四运动与德清

1919年爆发的五四运动是中国新民主主义革命的开端，它促进了马克思主义在中国的传播和中国共产党的诞生，而后的国共两党合作、五卅反帝运动、国民革命北伐战争，出现了新民主主义革命阶段的第一次革命高潮。受五四运动洗礼的一批德清籍在外求学进步青年和本地文化界人士也积极投身这场革命洪流。

1919年1月18日，第一次世界大战获胜的27个协约国在巴黎召开和平会议。中国作为战胜国之一，派出了陆征祥、顾维钧等5位代表参加会议。巴黎和会拒绝中国提出的维护国家领土主权的三项提案，背信弃义，把德国在山东特权全部转让给日本。

巴黎和会中国外交失败的消息传到国内，激起了各界人士的义愤。5月4日下午，北京大学、北京高等师范及工业、农业、政法、医学等十几所专科以上学校3000余名学生高呼“外争国权，内惩国贼”“取消二十一条”“还我青岛”等口号，冲破反动军警阻挠，齐集天安门前举行抗议集会并火烧外交次长曹汝霖的家。在这场震惊中外的反帝爱国运动中，德清在京求学的进步学生也积极投身于内，其中俞平伯、蔡镇瀛尤为突出。

俞平伯

五四运动爆发时，身为北京大学学生会新闻组成员的俞平伯积极参加罢课和上街游说罢市等活动。同时，在新潮社、文学研究会、语丝社等文学团体的进步刊物上发表《中国神圣思想的一种主张——严禁阴历》《我的道德谈》《社会上对新诗的各种心理观》等文章，热情地召唤德先生（民主）和赛先生（科学）的到来，向旧社会封建思想展开坚决的攻击，其锋芒所向，与提倡科学和民主的先驱者呐喊完全一致。

“火烧赵家楼”是五四运动当天学生游行的高潮，北京大学化学系德清籍学生蔡镇瀛积极参加北京学生的五四游行、请愿活动，与其他几位学生率先冲进曹汝霖住宅，打开大门，火烧曹宅。事后，蔡镇瀛等学生遭北洋政府逮捕，蔡被囚禁106天。当天，北洋政府当场逮捕了32名爱国学生，反动政府的倒行逆施更是激起了社会各界人士义愤，纷纷支持学生的爱国运动。

蔡镇瀛

北京五四运动消息传到德清后，德清各地文化界人士和进步青年也以实际行动声援北京学生的爱国斗争。在5月9日（1915年5月9日，袁世凯经过与日本谈判后，接受日本《二十一条》中的十二条。条约签订后，全国教育联合会决定，各学校每年以5月9日为“国耻纪念日”举行纪念）走向街头巷尾，张贴“不买东洋货”“勿忘国耻”等标语。同时组织日货检查队，查禁日货，当众烧毁东洋货，号召群众抵制日货，并立国耻纪念小石碑。经过五四爱国民主运动，德清在外求学的爱国学生和德清民众同仇敌忾，反帝、反封建的革命浪潮日益高涨，为德清党组织的建立和发展带来了积极影响。

北伐战争时期的德清工农运动

1925年1月，中国共产党在上海举行第四次全国代表大会，第一次明确提出无产阶级在民主革命中的领导权和工农联盟问题，肯定农民是无产阶级的同盟者。同年爆发的五卅运动，使许多共产党人进一步认识到农民在民主革命中的地位和建立工农联盟的重要性。为巩固和扩大工人阶级的组织，加强对全国工人运动的领导，1925年5月，第二次全国劳动大会在广州举行。会议通过《工农联合的决议案》，把引导农民参加民主革命、与农民建立巩固的联盟，作为民主革命胜利的保证。五卅运动后期，由于民族资产阶级妥协，工人阶级陷于孤立的痛苦经验，更证明了农民斗争的奋起是国民革命成功所不可少的条件，农民是工人阶级最需要最靠得住的同盟军。

五卅运动使中国革命形势有了突飞猛进的发展。1926年“三一八”惨案后，冯玉祥的国民军撤离北京，北方局势更加恶化，广大人民越来越把希望寄托于广州国民政府。华北、华中地区的国民党地方党部和革命团体，纷纷致电或派代表到广州，要求加入国民政府出师北伐。1926年2月，中共中央在北京召开特别会议。会议认为，农民是工人阶级最靠得住的同盟军，然而只有国民党或冯玉祥国民军有政权的地方，农民运动才能发展，党应使此政权推广于各省，以此扩大农民运动基础，“所以广东国民政府的北伐，便成了第一等重要问题”。[①]党的各级组织对北伐十分拥护，并按照中共中央北京特别会议精神，积极发展工农运动，为迎接国民革命军的北伐做准备。

---

①中共中央党史研究室著《中国共产党历史》(第一卷)，中共党出版社2002年版，第167页。

1926年7月9日，北伐战争在“打倒列强，除军阀”的雄壮口号中正式开始。11月，北伐军胜利结束江西战争后挥师入浙。1927年2月18日，北伐东路主力胜利占领杭州。随即，国民革命军第二军五师十四团抵达德清余不镇（现为乾元镇）。团政治指导员、中共党员曾干廷在房宇园、顾季平等人的协助下，组织德清旅外学生、学校教职员工及各界群众在余不镇南门外天坛举行了军民联欢会，欢迎国民革命军的到来。

在联欢会上，曾干廷向民众宣讲了革命形势和“联俄、联共、扶助农工”三大政策，号召大家团结起来，发起组织工会、成立农会、打倒贪官污吏、打倒土豪劣绅等工农革命运动。在曾干廷和所属部队的指导下，房宇园等因势利导，组织德清民众成立了酱酒（油米、典当）业同业工会、农民协会等工农组织，支援北伐军的战斗。

时房宇园（原名毓贤，字怀璞，德清人）受共产主义青年团（C·Y）指示回家乡组织国民党（左派）县党部并秘密发展C·Y成员。在与曾干廷多次接触后，双方取得共识，决定赴杭州找国民党（左派）浙江省党部执行委员张寅仲（中共党员）及常务委员兼组织部部长潘枫涂（中共党员）汇报德清革命形势，提出组建国民党（左派）德清县党部事宜。经批准同意成立国民党（左派）德清县党部筹备处，房宇园、莫善祥、蔡承湘、丁兆民、黄震甲等5人为筹备委员，房宇园任筹备处主任。筹备处内设组织、宣传二部，工作开展后又增设了工人、农民、商民、妇女等部，每部设干事若干名。筹备处成立后，除宣传三民主义和“联俄、联共、扶助农工”三大政策外，主要发展国民党（左派）党员，并相继建立国民党（左派）德清城区区党部、新市区党部、下舍区党部、大麻区党部。德清城区为第一区党部，由王鼎兼区党部常务委员；新市为第二区党部，由王仲劬任区党部常委，邱祖谋、周良彬、周南庐等为区党部执行委员；洛舍区本为第三区党部，因在成立过程中，土豪劣绅势力较大，又无适当的人选，故暂未成立；下舍为第四区党部，由徐克芳负责；大麻为第五区党部，由金鹏飞、郁念慈负责。新市区党部成立时，发动和组织群众开展了与土豪劣绅的斗争，张贴“打倒土豪劣绅”标语，夜间提灯游行，唤起民众觉醒投入反帝、反封建的斗争。区党部常委王仲劬（后为中共党员）发动民众捣毁神像，与地方反动势力进行针锋相对的斗争。与此同时，各区党部也分别成立了所属区分部和各同业工会，如酱酒、油米、典业工会等。

在国民革命军的帮助支持下，德清工农运动的发展，有力地打击了城乡封建势力和资本家的威风，提高了工人和农民的觉悟，增强了阶级意识，培养了一批工农运动积极分子，为发展共产党员、建立党组织准备了条件。

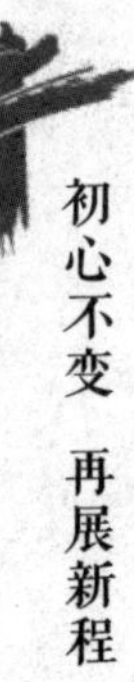

中共德清新市支部的建立和德清地方党组织的发展

北伐战争的巨大胜利和工农运动的蓬勃发展，沉重地打击了帝国主义。随着国民革命运动的深入，在帝国主义、封建主义和资产阶级的收买、拉拢下，以蒋介石为代表的国民党右派集团叛变了革命。1927年4月11日，蒋介石在完成政变准备后，密令“已光复各省，一致实行清党”。4月12日，蒋介石在上海袭击工人纠察队，屠杀工人群众和共产党员，公开发动了反革命暴乱。随即，德清也处在国民党“清党”白色恐怖之中。

“清党”之初，杭州工专因“清党”停课，该校数学教师胡则仁在“清党”后到国民党浙江省党部工作，故约国民党（左派）德清县党部筹备处委员莫善祥担任德清县清党指导员。莫善祥即与房宇园、蔡承湘、丁兆民、黄震甲等商议此事，考虑到保护原有的国民党（左派）同志有利于应付复杂时局的因由，房宇园等同意由莫善祥接受德清县“清党指导员”一职。随后，莫善祥就以“清党指导员”名义在县政府大门前张贴布告，略以国民党德清县党部筹备处均系年青纯洁无须改组，继续进行工作。布告一贴出，即引起反对派的攻击。同年5月，“清党”后的国民党浙江省党部湖属特派员艾时从反对派方面得知有关德清“清党”的情况后，对莫善祥处理德清“清党”的情况很不满。随即，将国民党（左派）德清县党部筹备处改组，原有筹备处的工作就此结束。6月，浙江省清党委员会成立，委派吴雨人为德清县清党委员。吴雨人会同德清县县长唐乃康，以“共产党嫌疑”名义逮捕了国民党（左派）德清县党部筹备处主任房宇园及委员莫善祥、蔡承湘、丁兆民、黄震甲等人。

国民党右派在德清发动“清党”后，取缔了以左派为核心的党政组织，建立了以右派为核心的各类反动机构。同时，德清的工会、农会组织也被迫停止了活动，轰轰烈烈的工农运动被镇压。

王仲勋

党的四大后，中共上海区（亦称“江浙区”）委为适应形势发展需要，明确提出，浙江之湖州、台州等地“当于最短期内设法发展我们的组织”。1927年1月，中共杭州地委召开会议传达贯彻上海区委指示，讨论湖州等地发展党员和建立党的组织的问题。5月，中共党员、曾任北伐军第十七路军某部党代表的许淡秋（化名费天时）到新市镇开展革命宣传活动，吸收该镇中医、原国民党（左派）新市区党部常委王仲勋入党。随后，王仲勋以中医职业为掩护，积极开展党的工作，先后介绍了柯淡云、瞿乃臧入党。同月，经中共杭州地委批准，中共德清新市支部建立，由王仲勋任党支部书记。

新市支部建立后，王仲勋以中医职业为掩护开展党的工作，团结工人、农民，利用一切机会和方式宣传马列主义，启发工农群众的阶级觉悟，发展党员，使党的影响扩大到新市镇周围的农村和毗邻县境。新市支部是德清历史上第一个中共地方组织，是德清现代史上的一件大事，标志着德清人民的革命斗争进入了一个新的阶段。

1927年6月，中共浙江省委建立，新市支部改属省委直接领导。根据省委部署，中共湖州支部改为湖州县委。中共湖州县委成立后，加强了湖州地区各县的建党工作。在德清，建立了中共德清县独立支部。随着中共德清县独立支部的建立，党在德清地区的政治影响迅速扩大，一批具有一定组织才能的进步青年开始走上革命道路，党的组织有了初步发展。

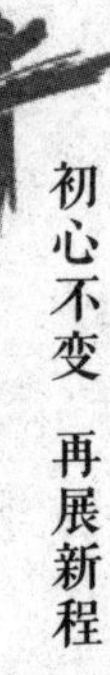

中共德清县委的建立

1927年7月后，随着国民党右派政权的层层建立和“宁汉合流”，“清党”白色恐怖愈加严重。11月，中共湖州县委解体后，德清地区党的组织——中共德清独立支部和新市支部也逐渐停止了活动。

1928年4月，中共浙江省委决定重建德清独立支部，由许斌[①]任书记。当刚保释出狱的许斌在杭州受领任务后，即根据省委常委卓兰芳的指示返回家乡德清开展工作。许斌先在德清县城余不镇（今乾元镇）开展工作，因县城白色恐怖严重，工作难以开展，遂转往雷甸乡的姜家坝、菁田坝等地秘密发展党员，开展党的活动，组建了中共油车支部和菁田支部。同时，恢复了大革命时期建立的中共新市支部的活动，干村等地也发展了多名党员。

同年8月，经中共浙江省委批准，中共德清独立支部扩建为德清区委，由许斌任书记。区委下辖油车、菁田、新市3个支部，直属浙江省委领导。

同年秋，进步青年沈文纬在西葑漾的德清利农丝厂，通过组织工人开展罢工斗争，团结和培养了一批积极分子，组建了“中共利农工厂支部”[②]。

中共德清区委建立后，各地党组织在中共德清区委领导下，继续在全县农村开展党的工作，积极培养建党对象。至1929年春，相继建立了

①许斌(1906–1994)，浙江德清人。又名许文谟，化名许鹤园，1927年春入党。

②当时，沈文纬虽然与中共党员有过接触，但没有办理过入党手续，仍属进步青年。由于对党的基本知识了解不多，他认为自己已经入党，并着手发展党员，组建党的支部。1929年夏，沈文纬由房宇园介绍正式加入中国共产党后，利农丝厂支部得到党组织的认可。

中共士林农村支部、杨墓渔业支部、新桥渔业支部、西葑农村支部、西庙桥农村支部、余不镇城东支部、利农工厂支部等组织。

1929年4月，德清区委划归杭州中心市委领导。6月，鉴于德清党组织有了进一步发展，经杭州中心市委批准，建立德清县委，由许斌任书记，王仲劬、沈文纬、瞿乃臧、嵇长春为委员。德清县委辖城区、新市两个区委。8月，中央浙北巡视员、杭州中心市委书记郑馨来德清视察时指示，原隶属杭州中心市委的德清党组织划归湖州中心县委。同时，对德清地区党的工作提出一些具体要求，主要有：(1) 党组织都是自耕农是错误的，应吸收佃农、雇农。(2) 党员同志参加国民党区委常委兼农运也是错误的，党员同志应决定即刻退出国民党。(3) 德清的工作中心在新市，应要十二分注意新市工作。(4) 在工人运动中，应要用工厂委员会。

中央巡视员在德清的巡视，对促进德清党组织的工作起了一定的作用。根据郑馨有关指示，德清县委即从当时德清遭受虫灾、旱灾，收成锐减而租额不减，及自耕农以田抵押欠债等情况出发，提出了“荒年不还租与债”的口号，发动农民进行“抗租、抗债、抗税”斗争，得到广大农民的拥护和响应。在党员的启发教育下，士林一带青年组建了有500多人参加的“青年协会”，联合起来与地主、债主进行斗争。新市一带的农民也在中共新市区委的支持下起来斗争。新市含山（今属湖州市南浔区）支部组建的“农民协会”，

许斌(中)重忆当年油车角党支部所在地

范围达10多个村落，有农协会员70余人。杨墓渔业支部领导的“渔民工会”，范围涉及德清全县，有5000多人参加。由新市镇西南各村农民为主组建的“赖账会”，参加成员200余人。此外，一些地方还成立了“虫灾委员会”等组织。同年秋，德清新市公利丝厂4名女工因闷热难忍出车间透气，遭资本家开除。全厂工人纷纷表示抗议，然而资本家置之不理。在党组织和中共党员的动员和支持下，公利丝厂工人联络利农丝厂工人一起罢工，斗争取得胜利。此后，德清西丰、吴兴大丰等工厂的丝织工人，也为增加工资、改善待遇，与资本家进行了坚决的斗争。

中共德清县委建立后，发动工人为维护自身利益开展斗争，加强对农民宣传工作，使党组织有了较快发展。同时也建立了一批党影响下的群众组织，密切了党和群众的联系，促进了德清工农运动的发展。

武装反抗国民党统治——德清农民暴动

党的六大以后的两年间，中国革命出现走向复兴的局面[①]。湖州各地党组织通过贯彻党的有关方针、政策和斗争策略，巩固、发展了党组织，恢复和扩大了工农运动。1930年2月26日，中共中央向全党发出第七十号通告，规定党目前总的政治路线应是汇合各种斗争，“走向‘变军阀战争为国内的阶级战争’以推翻国民党统治，以建立苏维埃政权”。通告提出：党不是要继续执行在革命低潮时期积蓄力量的策略，而是要执行集中力量积极进攻的策略，各地要组织工人政治罢工、地方暴动和兵变，并集中红军进攻大城市。

为了贯彻中共中央第七十号通告关于“党应集中力量积极进攻，组织地方暴动，扩大红军向着中心城市发展”“夺取一省胜利”的精神，中央巡视员卓兰芳于同年4月在杭州主持有关会议，积极部署以诸暨为中心的浙西总暴动和杭州附近十几个县围攻省城的计划。根据实施暴动的需要，4月20日，中共杭州市委根据党中央关于各级党、团、工会的领导机关合并为准备武装起义的各级行动委员会的指示，成立了党、团、工会领导机构合并的杭州市行动委员会[②]，统一领导杭州、杭县、萧山、富阳、德清、余姚、诸暨等地的斗争。

4月中旬，德清县委召开扩大会议，结合贯彻围攻杭州的计划，讨

①中共湖州市委党史研究室著:《中共湖州党史》(第一卷),中共党史出版社2002年版,第64页。

②以党、工、团为主体的杭州市行动委员会建立于1930年4月20日,辖杭州市基层党支部12个,并联系指导萧山、富阳、余姚、德清等10个县的6个县委和1个区委、3个特支。同年6月,杭州市行委停止活动,根据中央指示恢复中共杭州市委建制。

论了德清农民暴动问题。会上，从中央干训班学习回来的县委书记许斌、委员瞿乃臧[①]，分别传达了中央领导的有关讲话，士林、西葑支部介绍了发动农民斗争的情况，城区区委、城东支部报告了争取国民党地方武装的情况。与会人员围绕土地革命、武装斗争和建立苏维埃等议题进行了热烈讨论。会议基于德清暴动的主客观条件已经具备的认识，作出了举行武装暴动的决定，并确定了暴动总指挥、副总指挥和县苏维埃政府主席、警察总队长、警卫团长等领导人选。会后，各地党组织按照分工加紧了暴动准备。中共杭州市委派葛天民到士林、干村、下舍、新市等地检查暴动准备工作，协同德清县委组建了农民暴动队伍——“浙西红一军”。浙西红一军下设士林、娘姆墩、西葑漾、干村、白彪东、白彪西等6个大队，共2000余人。

1930年5月，德清农民暴动动员大会旧址——下舍太均堂

4月下旬，德清县委召开第二次扩大会议，具体研究和部署暴动计划。会议决定暴动的时间为5月18日晚12时，拟先集中县城内力量夺取县巡警队枪支，尔后攻占县公安局；同时组织农民暴动队伍向县城进军，里应外合，夺占县城；随后，组织暴动队伍向杭州进发，会合杭县西镇等地农民暴动队伍围攻杭州。会议还决定，如暴动成功，即成立县苏维埃政府，组建农会，实行土地革命，打土豪分田地。如暴动失利，

①1930年1月，中共中央巡视员郑馨调许斌、瞿乃臧参加中央干训班学习。两人学习结束后于4月3日返回德清。

组织暴动队伍向太湖或天目山方向撤退。

5月12日，杭州市行动委员会召集德清县和杭县西镇区有关人员举行会议，讨论了两地暴动的协同等问题。会议按照“进而占领杭州，退而转为游击战”的策略，进一步统一思想，明确任务，研究和落实了两地的暴动计划。会议强调德清党组织要加强与西镇党组织的联系，重视农村“抗债”斗争的领导，抓紧对国民党地方武装的策反工作。会议还提出要通过农民暴动摧毁农村的反动政权，没收地主豪绅财产，烧毁全部田契文书。对此，中共中央在当年5月16日给杭州市委的指示信中加以肯定，说“德清、西镇在斗争中发展为游击区域，这是正确的”[①]。中央的肯定，实际上批准了杭州行动委员会的农民暴动计划。

然而，德清暴动并没有如期举行。由于敌强我弱的客观形势，再加上暴动准备工作不够隐蔽，5月18日下午，暴动骨干、中共党员吴辞炎和贾国宝突遭国民党军警抓捕。5月19日，德清县城全城戒严，国民党军警出动40多人到士林一带农村进行大搜捕，共抓捕暴动人员20人(其中12人被押送杭州陆军监狱，8名一般群众被释放)，德清农民暴动失败。

德清农民暴动被国民党军警残酷扼杀和党组织遭受严重破坏后，全县白色恐怖日益严重，县委书记许斌撤往杭州，其他县委委员被迫到外地隐蔽。是月，中共杭州市委委派葛天民到湖州地区恢复、发展党的组织。在杭州市行动委员会成立前后，葛天民曾前往德清指导农民暴动，试图通过德清的革命斗争，来推动湖州城区、菱湖等地党的工作。德清农民暴动失败后，葛天民经过努力，在新市镇重组德清县委，由葛天民任书记，瞿乃臧、韩子见为委员。但由于德清县境内的白色恐怖不断加剧，县委难以开展工作，最后被迫终止了活动。不久，瞿乃臧撤往杭州，葛天民回湖州，县委无形解体，全县各地党组织被迫停止活动。

这一时期，中国共产党在德清的革命斗争虽然在国民党反动派的镇

①中共德清县委党研究室编《中国共产党德清简史》(第一卷)，中共党史出版社2001年版，第13页。

压下暂时失败了，但是德清党组织在革命斗争中所产生的影响，却是反动派无法消除的。德清党组织深入群众宣传党的纲领、主张，展示了社会主义、共产主义的美好前景，这些不仅没有因为党的活动停止而在广大群众心目中消失，反而在德清大地上积蓄了革命力量。德清党组织多次被破坏又多次得到恢复和重建，显现了共产党人为实现共产主义理想前赴后继、不屈不挠的斗争精神，深深教育了德清广大群众，并激励他们不断斗争。总之，党在德清的斗争虽然暂时失败了，但产生的影响却是深远的。这为以后德清地区党组织的重建和革命斗争的继续发展奠定了重要基础。

武德两县的抗日救亡运动

1931年9月18日晚，根据不平等条约而驻扎在东北的日本关东军向中国东北军驻地北大营和沈阳城发动进攻，制造了震惊中外的“九一八”事变。蒋介石的不抵抗政策，致使20万东北军不战而退。4个多月内，辽宁、吉林、黑龙江三省全部沦陷。

日本对中国东北的大规模侵略行径，激起了中华民族的举国愤慨。处于抗日前线的东北部分爱国军队以及沈阳等地的工人、农民首先冲破国民党政府的禁令，自发组织起抗日义勇军，反抗日本的侵略。全国工农商学兵各界民众团体和知名人士纷纷发表通电，抗议日本帝国主义的暴行，要求国民政府抗日。中共中央及时发表宣言，揭露日本帝国主义的侵华野心和南京国民政府的不抵抗政策。一个群众性的抗日救亡运动很快在全国兴起。

“九一八”事变的消息传到德清，引起了德清各界民众的强烈愤慨，抗日救亡的呼声日益高涨，纷纷组织抗日演讲团、抗日救亡团体，号召民众奋力抗日。武康东区塘泾（今下渚湖街道）部分进步青年组成泾溪化妆演讲团[①]，深入附近农村开展抗日救国识字活动，在二都、武康、四都等地演出《还我河山》等抗日剧目。

1932年，德清民教馆《德清民众》周刊开辟了宣传抗日的副刊——《紫藤》，专门用于发表主张抗战、抨击不抵抗主义的文章。民教馆还组织在外地求学的德清籍学生及当地教师10余人成立话剧团，在民众茶园公演时事宣传剧和进步剧《父归》等。在开展文艺演出的同时，师生们

①1935年，因“泾溪化妆演讲团”的几名骨干先后离开塘泾，演讲团停止活动。

还组织歌咏队到各学校进行教唱抗日救亡歌曲活动，学唱《长城谣》《义勇军进行曲》《流亡三部曲》《大刀进行曲》等抗日歌曲。

1938年冬，浙江省战时政治工作队第一大队第二队（简称省政工二队）到达安吉递铺以后，由王子达率一个工作小组进抵武康县的瑶坞一带发动群众，以“唤起民众对日寇之仇恨，对抗战之热情”。经过深入细致工作，在当地群众中组建了土枪队、儿童队和妇女会等抗日团体。这些抗日团体和政工队员一起，书写抗日标语，出版抗日刊物，组织抗日演出，推动抗日救亡运动的开展。

省政工二队是中共党员较多的一个队。队员中有王子达、谢勃、刘芾亭、叶纲、王听涛、骆静婉等多名党员。省政工二队在途经於潜时组建了党支部，王子达任书记①。接着，又发展了队长姚旦②入党。进入武康县以后，省政工二队党支部在领导抗日救亡活动的同时，重视发现和培养进步青年，发展了一批积极分子入党，为武康党组织的建立打下了基础。

王子达

1939年2月，省政工二队队部移驻吴兴，在武康瑶坞设立留守处，继续进行抗日宣传活动。根据抗战形势发展需要，省政工二队留守处继续出版抗日刊物《突击》，组织了《抓壮丁》《新秦桧》等剧目演出，开展教唱《我们不当亡国奴》《打走东洋好太平》等抗战歌曲的活动。政工队的工作范围，从武康县瑶坞、后坞、庾村等地，逐步扩展到了塘泾一带。

1940年2月，省政工二队队部由吴兴移驻崇德洲泉，队员分赴武

①1939年5月，省政工二队党支部改建为特支，直属中共浙西特委领导。1940年2月由姚旦任书记，中共嘉崇桐工委建立后二队特支撤销。

②姚旦（1913–1967），又名陆纲，浙江镇海人。1938年参加革命。同年11月加入中国共产党。抗日战争时期，历任中共“浙江省政工二队”特支书记、嘉崇桐工委书记、茅山地委委员等职。解放战争时期，任第三野战军第八纵队政治部宣传部部长等职。新中国成立后，曾任镇江市军管会秘书长、中共江苏省委工业部第一副部长。

康、崇德、桐乡、嘉兴等县开展工作。部分队员在副队长刘芾亭的带领下进驻德清县洛舍镇的三支头。刘芾亭等到达德清县后，以三支头为中心，集中力量在洛舍、下舍、杨坟一带开展抗日宣传活动。各地相继创办了农民文化补习学校，建立了农民救国会、青年救国团和抗日土枪队。在洛舍镇，还开办了妇女读书会，开设了抗日文化室和商民业余俱乐部。同年4月，在上级党组织领导下，二队党员团结各方面的力量，发起成立了德清县抗日反汪肃奸大同盟[①]，参加者达60余人，进一步将广大青年团结起来，成为抗日的坚强堡垒。与此同时，刘芾亭、谢勃、徐进、陶昌年、张祖熙、蔡理平、陈攻、肖卡等在砂村、三支头、丁家角、池头门等农村开展抗日宣传，关心贫苦农民生活，给群众治病送药，把群众团结在自己周围。为保卫家乡，抗击土匪，保护群众利益，组织了抗日青年救国团和土枪队，开展打击奸商、反对资敌等斗争。在七七事变三周年时，省政工二队副大队长、中共武德县工委组织部部长刘芾亭，组织领导200多农村土枪队员肩扛土枪、大刀、长矛，会同抗日反汪大同盟成员近400人在洛舍游行，这一行动大大鼓舞了群众的抗日斗志。

由于抗日救亡运动声势浩大，引起了国民党当局的注意。8月24日晚，国民党县长杨云令特务大队和洛舍区特务队到洛舍地区进行大逮捕，在德清制造了反共事件——洛舍事件。国民党特务队包围了洛舍镇、砂村、三支头省政工二队驻地，省政工队员谢勃、徐步尧、王月秋、李曾武、严正（女）等14人被捕。事发后，省政工队二队队长、党的特支书记姚旦致函国民党德清县政府县长杨云和浙江省政府主席黄绍竑，阐明观点和严正立场，并派队员应世雄持函前往交涉。国民党德清县政府迫于政治舆论和国民党省政府的压力，释放了谢勃、严正等人，而徐步尧、王月秋二人则被押往天目山浙西行署邀功。后经党组织积极营救，由许雍圻保释。此后，省政工二队特别支部党的工作转入隐蔽斗争。

①后改称“抗日反汪大同盟”。

省政工队在共产党领导下，在浙西敌后的抗日救亡运动中作出了贡献。省政工二队在浙西特委领导下，在艰难、曲折的抗日救亡运动中，发动群众，宣传抗日，发展党员，建立组织，为革命培养、输送了一批骨干，给日伪顽以沉重的打击，对德清、武康各种抗战工作起了极大的推动作用，在德清、武康乃至浙西的抗战史上写下了光辉的一页。

武康、德清的沦陷和中共庚村支部的建立

1937年7月7日，日本帝国主义者以制造七七事变为起点，全面发动了蓄谋已久的侵华战争。中华民族全面抗战从此开始。

11月5日，日军以3个师团的兵力，沿着杭州湾的金山卫和平湖县的白沙湾、全公亭一线大举登陆。随后，日军兵分两路：一路迂回松江，包抄上海；一路西侵湖州，进犯南京。11月中旬，南浔沦陷。24日，湖州失守。12月22日，日军侵入武康，全城4000余间房屋除9间幸免外，全被焚毁。24日，德清沦陷。

之后，日军以德清、武康、湖州、塘栖等地作为侵略据点，不时向各村镇进行扫荡，肆意烧杀、奸淫、掳掠，无恶不作，并在京杭国道沿线的武康、上柏和三桥等处设立据点。1938年3月26日，日军更是制造了震惊全省的“火烧龙溪百里惨案”。千余名日军分南北两路，沿龙溪两岸烧杀100余里，所到之处一片火海，血流成河。仅德清县境内沿龙溪两岸就有110个村庄被毁，7799间民房被焚，585名村民被杀。11月9日，日军从吴兴菱湖至新市，在发祥桥开炮轰击觉海寺，炸死3人。后侵入新市镇内，杀害居民116人。日军的血腥暴行，激起武、德两县人民的抗日怒潮，但由于武、德地区中共地方组织在土

日军设在上柏的碉堡

地革命时期遭受国民党的全面破坏，众多爱国志士虽有抗日之心，却一时找不到抗日途径。抗日战争爆发后，从1938年春开始，中共中央东南局和浙江临时省委通过各种渠道，陆续派来一批党员开展敌后抗战。这一时期，浙江省政府直属战时政治工作队（简称省政工队）到武、德地区开展抗日救亡宣传，组织抗日力量。因此，不少热血青年受到革命思想的影响，就好似久旱逢甘露，积极投身革命活动。1938年11月，国民党浙江省政府组织的浙江省政府直属战时政治工作队第一大队第二队（简称省政工二队）①进驻安吉、武康、吴兴、长兴等地。

省政工二队党支部②在以政工队员这一“合法”身份开展抗日救亡宣传等工作的同时，更注重组织抗日力量和发展党员。在这期间，因战乱荒年而从平阳逃荒到莫干山燎原村荷花池的温亦段在省政工二队共产党员的宣传教育下，懂了不少革命道理，并就此积极进行革命活动。1938年12月，温亦段在庾村由省政工二队队员、中共党员李文斌介绍加入中国共产党，成为武德地区抗战时期发展的第一个党员。之后，温亦段在省政工二队党支部的领导下，组织了抗日宣传队、土枪队，并开办夜校，宣传抗日。与此同时，他常以卖米、道士身份为掩护，活动在庾村石角岭、杨梅岭、劳岭、上柏、洛舍、秋山、城关等地。每到一地，温亦段广交朋友，细心物色建党对象，积极慎重地发展党员，扩大党的组织。在庾村等地，先后发展了周阿美、周阿狗、宋茂开等三十多名党员。1939年1月，抗日战争时期武（康）德（清）地区第一个党支部——庾村支部成立，支部书记温亦段，组织委员葛杜乔，宣传委员周文贵。庾村支部建立后，开展“反资敌”斗争、为来往干部带路向导、解决食宿、掩藏枪支弹药、递送情报等工作，更好地开拓了武康、德清地区党的工作。

1939年秋收前，由于后方粮食禁运，有地主不顾民族大义，唯利是

①其主要抗日活动见本书“武德两县的抗日救亡运动”一节。

②省政工二队是中共党员较多的一个队。队员中有王子达、谢勃、刘芾亭、叶纲、王听涛、骆静婉等多名党员。在途经於潜时组建了党支部，王子达任书记。

图，就地抬价，甚至企图把粮食偷运至敌占区高价出售资敌，致使数百群众无米下锅。一日，温亦段得知大地主白某某运一批大米去武康资敌的消息，经党组织研究，决定组织土枪队队员拦截这批资敌大米。共产党员、庚村土枪队队长周阿美等4人携土枪、手榴弹在后村白路桥边设伏，缴获这批大米，运回庚村救济当地群众。

1939年6月，浙西特委驻地从於潜鹤村迁至武康后坞，不久又移驻庾村。与此同时，为适应对敌斗争形势的需要，加强党对抗日反顽斗争的领导，省政工二队党支部在庾村支部的协助下，又在莫干山地区先后发展了周文池、曾中玉、翁大毛、钟阿庆等人入党，相继组建了石角岭、劳岭、荫山街、长山郎等党支部。这些党支部建立后，通过积极发动群众，掀起了抗日救亡运动的高潮。同时也为中共浙西特委加强武康、德清两县乃至整个浙西地区党的工作，奠定了初步基础。

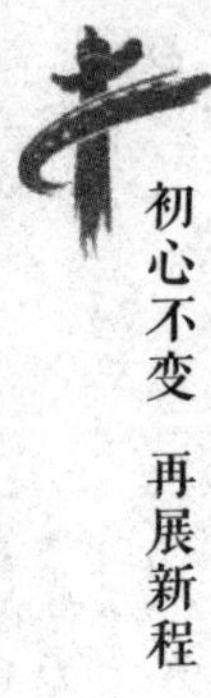

浙西特委移驻莫干山

1939年1月，中共浙江省委在金华召开会议，分析浙西地区抗战的形势，讨论浙西党组织建设、工作开辟等问题。会议认为要打开浙西工作局面，必须加强党对浙西工作的统一领导，注重抓好武装工作。会议决定组建中共浙西特别委员会（简称浙西特委），调省委常委、宁绍特委书记顾玉良主持浙西特委筹建工作。

1939年2月，顾玉良根据省委指示，在民族日报社党支部书记章松寿的陪同下，偕同张之华经於潜到达安吉，与安吉县工委书记郑至平会合。同月，顾玉良在安吉县青松乡（今属递铺镇）主持召开了浙西特委第一次会议，传达贯彻省委关于成立浙西特委的决定，讨论了特委成立后的工作。会议宣布中共浙西特委由顾玉良、彭林、徐洁身、张之华等4人组成，顾玉良任书记，彭林任组织兼军事部长、徐洁身任宣传部部长、张之华任妇女部长。由于浙西靠近皖南，浙西特委受东南局和省委的双重领导，以受东南局领导为主。根据省委确定的工作方针，会议提出浙西特委成立后的主要任务是：（1）宣传党的抗日民族统一战线政策，独立自主地建立抗日武装，开辟抗日游击根据地；（2）动员各阶层人士参加抗日救亡工作；（3）广泛深入地发动群众，组织各种抗日群众团体；（4）发展党员，建立党的组织。会后，特委机关移驻郎玉麟部队所在地——安吉县小溪口。

同年6月，继郎玉麟部队调防吴兴后，特委机关从於潜县鹤村迁至武康后坞（今属德清县），不久又移驻武康县庾村李家洋房。中共浙西特委建立后，集中力量加强了与各地党员的联系。特委领导明确分工，深入浙西各地和省、县政工队了解情况，联络、指导工作。同时陆续向各县和各地抗日游击武装派遣了一批干部、党员。

中共浙西特委机关原址

1940年2月，中共浙西特委在庾村召开了武康、吴兴、长兴、安吉、余杭、於潜等地县（工）委书记会议，传达贯彻东南局指示和中共浙江省第一次党代会精神，具体部署了统战工作、群众工作、武装工作和党的建设等事宜。随后，特委书记顾玉良为了党的工作安全，再次将特委机关移驻莫干山上横140号东方汇理银行，并在莫干山上的荫山街和山下的庾村分别建立交通站，加强与所属各县的联系。经过一段时间的工作，党员关系全部接上，并按活动范围确定了党的工作负责人。此后，在浙西特委的领导下，各县党组织得到陆续重建并发展壮大。

1941年皖南事变后，国民党发动了第二次反共高潮，浙西的形势日趋紧张，余杭、安吉等地的党组织先后被破坏。同年6月，因叛徒泄密，浙西特委驻地被暴露，幸运的是特委书记顾玉良等人及时获知情报，得以安全撤离，但莫干山86号秘密联络站遭到破坏。

中共浙西特委自1939年6月从於潜鹤村迁到武康莫干山直至1941年6月的两年多时间里，这里成为领导浙西人民开展抗日反顽斗争的中心。各级党组织在中共浙西特委的领导下，积极发展党的组织、壮大革命力量，开展轰轰烈烈的抗日救亡运动，在浙西地区擎起了全面抗战、争取胜利的旗帜。

莫干山的中共秘密交通站

浙西特委在驻武德期间，曾先后在庾村、莫干山建立两个交通站和一个秘密联络站。地下交通站是中国共产党在新民主主义革命时期，用于各级党组织之间以及地方党组织与我党领导的抗日武装部队之间的联系渠道，主要任务是传递各级党组织的指示（文件、书报）、掩护（迎送）身负重要使命的各级党政军领导干部、侦查与传送日伪军各种活动情报为制定作战行动方案提供依据等工作。

七七事变后，日军发动全面侵华战争，在中华民族面临生死存亡的关键时刻，中国共产党积极倡导促成第二次国共合作。但抗日战争一开始，国共两党就存在着两条不同的抗战路线。以蒋介石为首的国民党害怕抗日救亡运动蓬勃发展危及他的统治地位，尤其害怕并限制共产党领导人民起来抗战。随着抗日救亡运动的深入发展，国民党限制和压制群众的抗日活动日趋严重。各地接连发生袭击、杀害共产党员和抗日进步人士的事件。1938年10月，抗日战争逐步转入相持阶段，日本帝国主义对国民党政府采取了政治诱降为主、军事打击为辅的方针，国民党转向消极抗战、积极反共。1939年1月，国民党召开五届五中全会，制定了“溶共”“防共”“限共”的方针，国内政治局势由此发生逆转。面对国民党顽固派不断掀起的反共逆流，浙江省委根据中共中央《关于我党对国民党防共限共对策的指示》《关于反对投降危险的指示》和“坚持抗战，反对投降；坚持团结，反对分裂；坚持进步，反对倒退”的三大政治口号，采取了相应的措施，力争在斗争中处于主动地位。其中一条首要措施就是将秘密工作与公开工作相分离。

1939年6月，中共浙西特委从於潜鹤村迁到武康莫干山脚下的庾村。为了便于和浙西各县进行秘密联络，同年冬，特委在莫干山上的荫山街和山下的庾村分别建立了地下交通站。庾村交通站以劳岭支部书记葛杜乔开在庾村的馄饨店为掩护，并由他担任交通员。荫山街交通站建在莫干山荫山街翁正火的箍桶店内，交通员翁大毛，主要负责与庾村交通站的联络工作。地下交通站具体负责迎送干部往来、传递情报、供给膳宿等工作，以加强特委与所属各县的联系。经过地下交通站一段时间的工作，浙西特委与浙西各地的党员取得了联系，并按活动范围确定了党的工作负责人。期间，葛杜乔等交通员也多次成功递送党的情报、为来往特委的人员带路，起到了保护党组织和党员干部的重要作用。

1939年至1940年，浙西特委庾村交通站——葛杜乔馄饨店

1940年9月，中共浙西特委交给庾村交通站一份紧急情报，要求及时送到崇德县洲泉交通站。葛杜乔接到任务后，立即扎了一些扫帚，装扮成卖扫帚的小贩，把情报用油纸包好放进一把扫帚柄里，连夜越过敌人的重重哨岗，赶到洲泉交通站。进门后，葛一看此人陌生，心知情况不妙（因洲泉地下交通站得知敌人要搜捕而撤走了，而浙西特委尚未知悉），刚要转身出门，便被一个伪警截住，一面问他干什么，一面对他进行搜身。由于搜不出任何东西，伪警便放了他。当葛走不多远时，忽然听到街上响起了警哨和喊“捉土匪”声。此时街上出现了一片混乱的局面，葛杜乔

葛杜乔

趁乱取出情报吞入腹中跳进路边的粪坑里，随手把盖粪便的茅草往头上一遮，隐藏起来。直到下半夜，葛杜乔冒着生命危险赶回庾村，向特委汇报了洲泉交通站已遭破坏的情况。特委立即采取了措施，组织各地党组织隐蔽、转移，党的组织才得以避免损失。

1941年皖南事变后，国民党当局疯狂逮捕共产党员，各地党组织均受到了很大损失。浙西特委为了斗争的需要，在莫干山黄庙上首86号洋房建立了中共浙西特委86号秘密联络站，并抽调了新任委员、原吴兴县委书记汤池为该站负责人，另调双林区委书记郑可耀和特委秘书骆静婉为工作人员。其任务是掩护特委，负责浙西各县的联络，同时解决来莫干山向特委汇报工作人员的膳宿和掩护工作。与此同时，中央东南局和中共浙江省委取得联系后，在莫干山屋脊头553号洋房内建立了东南局政治交通站，由刘烈人和彭可玉（中共党员）担任政治交通员，负责与省委联络，传递各种情报，护送浙江党内高级干部赴延安培训等工作。

1941年5月，浙西的反共逆流更加猖獗，余杭、长兴、安吉等地党组织先后被破坏。6月18日，荫山街交通站的交通员翁大毛在天目山执行任务时被国民党省政府浙西行署逮捕，在严刑审讯下出卖了党组织，泄露了特委机关以及东南局政治交通员刘烈人的驻地情况。浙西行署即命国民党武康县政府按址查缉。幸运的是，这个消息被浙西特委庾村交通站葛杜乔之妻包素贞[①]从庾村情报组长查振远之妻口中得知："明天早上，对莫干山实行大包围，把共产党员都抓住……"葛杜乔获悉后，连夜上山将此消息告知浙西特委书记顾玉良。顾玉良等人迅即藏好文件、枪支，在党员邵钦怀的帮助下，趁大雾撤离了莫干山140号，安全到达长兴和平。然而，国民党武康县政府和国民党莫干山警卫队依据国民党浙西行署的安排，在搜查553号洋房时逮捕了刘烈人的妻子彭可玉，随后又发现并逮捕了86号秘密联络站内的汤池、郑可耀和於潜中心县委妇女部长许斐然。中共浙西特委86号秘密联络站也因此被破坏。

①包素贞(1898-1947.7)，女，浙江省德清县莫干山公社劳岭人，牺牲时为江苏省华东军区运粮员。

由于浙西形势不断恶化，加以武德县委的领导人因工作需要分别调往别处，武德地区的地下交通站也随即暂停活动。中共浙西特委驻地在莫干山期间，莫干山的地下交通站和交通员，根据特定时期自身承载的历史使命，为浙西特委了解浙西各县情况、联络和指导浙西各县工作，保护浙西地区的党组织和党员干部作出了重要贡献。

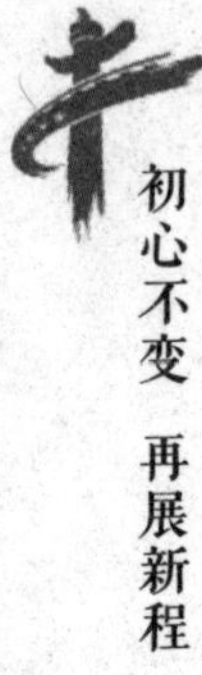

武康、德清两县的抗日土枪队

抗日救亡运动蓬勃开展的同时，浙江党组织先后派党员到浙西活动，在浙西沦陷区建立党组织和人民抗日武装，并指示浙西党组织要加强对抗日武装的领导，打开浙西武装抗日斗争的局面。在中国共产党的领导和影响下，不愿做亡国奴的浙西沦陷区人民纷纷拿起武器，开展武装抗日斗争。在1939年春至1941年秋，武康、德清两县的党组织在两县交界处发动群众，组建起多支土枪队，开展抗日武装斗争。这些土枪队建立后，发起拦截资敌物资、打击资敌米船等战斗，参加传送情报、护送干部等工作，积极开展抗日宣传活动和反奸防匪斗争。

1939年春，武（康）德（清）党组织建立武康县莫干地区土枪大队，李文竑任大队长，辖石颐寺、康城、庾村3支土枪队，队长分别为钟才根、王六早、周文贵。1940年春，党组织又在三桥组建了土枪队。至此，莫干地区土枪大队下辖4支土枪队，有队员200多人。

1940年3月，中共武（康）德（清）县工作委员会（简称“武德工委”）成立后，组织洛舍三支头、砂村等地的农民组建了土枪队，队长为沈文贵，副队长为王正贵，有队员近200名。武德工委采用多种形式，帮助土枪队从组织上加以巩固，组织政治思想好、年轻、身强力壮的队员参加青

洛舍砂村土枪队副队长王正贵

年突击队，进行投弹、军事知识等一系列技术训练，使这支土枪队成为党领导下的除奸防匪、保卫村庄、保卫人民群众的抗日武装。

1940年2月，砂村、团田圩土枪队在配合友军围歼窜扰的土匪武装时，击毙匪徒2人、俘10余人。此后，土枪队根据党组织指示，积极开展了打击奸商、反对资敌等一系列活动。1940年5月，庚村土枪队员拦截三桥大地主白家的资敌米船，截获粮食800余公斤，运至痪村后，供应给当地贫困群众。之后，在党组织的指示下，庚村土枪队勒令庚村的王家（大地主）、盛家（地主兼米商）将囤积之米以平价售给贫困群众，稳定了社会秩序，安定了民心，加强了全民抗日的信心和决心。同年7月、8月间，在七七事变和“八一三”事变三周年之际，武德工委组织领导200多名农村土枪队队员，会同“抗日反汪大同盟”成员近400人，先后在洛舍街上举行了两次集会游行，高呼抗日口号，鼓舞群众斗志，推动了抗日救亡运动的开展。

1941年皖南事变后，党在浙西地区的组织遭受损失，土枪队活动渐趋隐蔽，并逐步停止了活动。土枪队是武德地区人民在党的领导下开展宣传抗日、反奸防匪、保卫家园等重要工作的重要力量，有效推动了武德地区抗日救亡运动的发展。

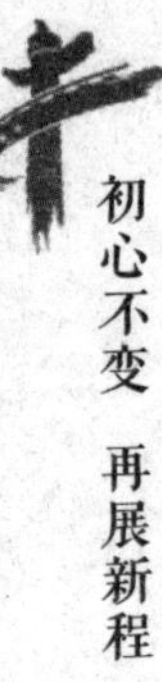

中共武（康）德（清）县委员会的建立

抗战初期，由于在十年内战期间遭受损失，浙江党组织的力量相当弱小，全省仅有党员400余人。为适应抗日救亡形势的需要，浙江党组织把“迅速恢复和重建党组织，壮大党的力量”作为当务之急。

1938年3月15日，中共中央作出《关于大量发展党员的决议》，提出在现阶段发展党员工作中，要打破关门主义的倾向，要求各级党组织“大量地、十百倍地发展党员”，并强调这是“党目前迫切与严重的任务”。4月2日，中共中央东南分局给中共闽浙边临时省委及各特委发来《关于猛烈发展党组织》的指示信，具体“规定一个四、五两个月内应发展党员数目，原则上是要就现有的党员数目，发展新党员三分之二以上”①。中共浙江临时省委成立后，认真贯彻中央和东南分局的指示，连续多次给各特委发出指示信，要求各级党组织要“吸收大批的先进的工农和知识分子与青年学生入党”。中共浙江临时省委转为正式省委后，对全省党组织的发展工作提出了总的要求：“巩固浙南和浙西南，发展浙西、金衢、宁绍与台属地区。”之后，省委有计划地派人到各地区去巡视和帮助工作。在浙西地区，浙西特委通过政工队在各地发展了大批党员，并在各地建立起县级党组织。

1938年冬，省政工二队工作组到达武康县瑶坞以后，一方面开展抗日救亡的宣传，一方面注意发现和培养积极分子。1939年初，省政工二队党支部在莫干山一带发展了一批党员，陆续组建了庾村、劳岭、荫山街、石角岭、长山郎等党支部。这些党支部的建立，为中共浙西特委加

①《中共中央东南分局关于猛烈发展党组织给中共闽浙边临时省委及各特委的指示信》(1938年4月2日)，《抗战初期中共中央长江局》，第206页。

强武康、德清两县的工作，奠定了初步基础。同年6月，浙西特委从於潜县鹤村移驻武康县莫干山。此后，武康、德清两县的党组织有了进一步发展。

1940年3月，为加强对武（康）德（清）地区抗日救亡运动的领导，使武（康）德（清）地区群众性的抗日救亡活动有组织地、深入持久地进行下去，浙西特委决定以省政工二队特别支部为核心，建立中共武（康）德（清）县工作委员会（简称武德县工委），谢勃任书记，刘芾亭任组织部部长，蔡理平、肖卡任宣传部部长。武德县工委机关驻洛舍三支头。武德县工委成立后，在浙西特委领导下，以省政工队的合法身份，在武德地区积极开展各种抗日救亡活动。其间，组成了抗日反汪大同盟，号召全县人民团结起来抗日救国，并在洛舍等地农村组织土枪队，用以反奸防匪，保卫村庄、保卫人民群众。8月间，武德县工委发动抗日反汪大同盟成员和土枪队队员，在洛舍街上举行的两次抗日集会游行，使国民党顽固派惴惴不安。8月24日，国民党德清县政府派遣特务、军警，逮捕了谢勃等13名共产党员和1名革命青年，制造了“洛舍事件”。

洛舍事件发生后，由于刘芾亭被严缉，徐步尧、王月秋被扣押，武德工委遭到破坏。1940年9月，中共浙西特委得知武德工委被破坏后，决定建立中共武（康）德（清）县委员会（简称武德县委），由原在德清、武康工作的谢勃、曾武（李文斌）2人，又调长兴县委书记何坚白、“抗日反汪军”负责人罗希明组成中共武德县委。县委机关驻武康县高峰村（现属莫干山镇），辖16个党支部，有党员215名。

9月16日，谢勃、罗希明、曾武在三桥埠附近农村一座民房中等待何坚白前来参加县委会议时，突遭日军搜捕，仅曾武一人脱险。21日，日军将谢勃、罗希明押赴刑场，罗希明在押解途中脱险，谢勃惨遭杀害。随即，特委调谢霖（杨学中）和徐珍（女）充实县委继续开展党的工作。徐珍到后，即在洛舍地区开展恢复党组织工作，但不久接浙西特委通知调离武德县委，到吴兴县委工作。

1941年皖南事变后，国民党发动了第二次反共高潮，浙西的形势更加日趋紧张。同年6月，因叛徒泄密，浙西特委驻地被破坏。1941年底，何坚白接特委通知，调离武德县委。何坚白调离后，武德县委工作由王子达[①]负责。1942年2月，全县党的组织除洛舍地区划归中共洲泉中心区委领导外，其余均按“隐蔽精干、长期埋伏、积蓄力量、以待时机”的方针以及何坚白、王子达调离时的具体部署，暂停组织活动，党的工作完全转入地下。

自1940年3月至1942年2月，武德县工委和武德县委先后共建立了杨梅岭、劳岭等16个党支部和一个县委交通站，有党员215名。在中共武德县工委成立到中共武德县委转入地下工作的两年中，武德地区党组织通过运用政工队这一“合法”组织，发动群众，宣传抗日，发展党员，建立组织，为革命培养、输送了一批骨干，充分发挥了共产党员的先锋模范作用，给日伪顽以沉重的打击，掀起了武德地区抗日救亡运动的高潮。

① 王子达，浙西特委委员兼安吉县委书记。在浙西特委机关转移及安吉党组织遭破坏后，曾一度在武德县委工作，于1942年2月调离武(康)德(清)地区到太湖地委工作。

德清、武康的解放与接管旧政权

1949年4月21日，毛泽东主席和朱德总司令发布向全国进军的命令。4月23日，中国人民解放军占领了国民党统治中心南京，宣告了国民党反动统治的覆灭。随后，解放军继续胜利南下。5月2日，解放军第七兵团二十二军从安徽宣城过长兴、安吉，解放了武康县。5月3日拂晓，解放军七兵团二十三军六十七师一九九团经长兴、吴兴，解放了德清县。湖州地区解放后，各县（市）即由军管会或城防司令部实行军事管制，除对城镇实行戒严、收缴游杂武装、保护人民生命财产安全、维护社会秩序之外，军管部门还负责接管旧政权，看守重要机构和粮食、物资仓库等重地，并收集保管文件档案。

1949年10月6日，各界群众在城关溪东街东门操场庆祝新中国成立

1949年5月11日，华东南下干部纵队第一支队第八大队的895名成员经过长途跋涉到达湖州。根据华东局“按照系统、整套接收、调查研究、逐步改造”的接管方针，以及省委提出的“由省到县、自上而下、各按系统、整套接收”与“宁缓勿乱、稳步前进”的指示，各地军管组织和新成立的县（市）委、县（市）人民政府开始对旧政权的全面接管。

1949年5月16日，中共浙江省第一地委[①]派盛平、路风翔率领43名南下干部到达德清。5月17日，中共德清县委、德清县人民政府同时宣告成立。县委由盛平、路风翔、高树奎三人组成，盛平任书记，下设秘书处、组织部、宣传部。县人民政府由路风翔任县长，下设秘书室、民政科、财粮科、农林科、粮食局等办事机构。

德清县委、县政府建立后，开始接管国民党政权，建立革命秩序，稳定社会人心，恢复工农业生产。根据中共中央华东局、浙江省委、第九地委一系列指示精神，德清县按照“忠实移交者奖，破坏移交者受惩”的原则，采取分工接管的办法，正式开始全面接管。5月18日，德清县委、县政府举办国民党政府公务人员和乡镇长学习班。学习班上宣布接管处理政策和办理移交的各项纪律，规定旧职公务人员的工作范围和应遵守的纪律，责令旧职公务人员维持乡保秩序，保护好文件档案及国家财产。至6月11日，先后接收国民党县党部、县政府、警察局、参议会、司法处、电信局、邮政局等54个机构，涉及旧职人员378名，其中有253名旧职人员向人民政府报到。按照省委关于处置旧机构人员的政策原则，留用旧职人员68名，其余人员发放遣散费后，遣送还乡参加劳动生产。同时，县委、县政府对全县官僚资本企业、重要设施和主要集镇进行接管。

由于“南下干部纵队”在南下编队时遗漏了武康县的接管班子，因而南下干部进驻武康县的时间稍晚于德清县。事后，中共浙江省第九地委（临安地委）立即从管辖的各县接管班子中抽调干部，组建接管武康县的班子。5月20日，强世贤、杨在浩等42名南下干部奔赴武康。21日，中共武康县委和武康县人民政府同时宣告成立。县委由强世贤、杨在浩、宋树禄、高光卿四人组成，强世贤任副书记，主持全面工作，下设秘书处、组织部、民运部、青年工作委员会。县人民政府由杨在浩任

①第一地委：1949年5月起，全省各地（杭州市、宁波市、温州市除外）相继建立以第一至十为序的地方党政军派出领导机构。第一地委成立于1949年5月，为中共浙江省委的派出机构，是年10月更名为中共嘉兴地委。

县长，下设秘书室、民政科、财粮科、公安局、农林科、粮食局等办事机构。

中共武康县委和县人民政府建立后，立即开展接管国民党武康县党部和旧武康县政府及所属部门的工作，但由于当时多数旧职人员已经外逃，给接管工作造成困难。武康县委、县政府面对接管工作的困难，专门进行研究和部署，确定具体工作方法和步骤，并成立了物资管理处。武康县人民政府先是贴出布告，责令全体旧职人员回到原机关，接受训话，办理移交手续。随后进行调查摸底，重点了解国民党武康县党部、县政府的组织情况、人员间的领导关系和工作范围、主要负责人的履历及档案表册等资料存在损毁情况。接着根据工作性质和部门性质，专人负责，具体分工，有系统地开展全面接收工作。根据中共临安地委的指示，县委县政府在接管过程中对原国民党武康县政府的职员分情况区别对待：罪大恶极者暂行扣押审查，待后处理；一般员工交代清楚者，发给路费遣散归家；电话所、邮政局、卫生院中的原有人员除个别顽固分子外，原则上都予留用，继续工作，并对留用人员加强教育，逐步改造。在全面接收过程中，武康县委开展了广泛的宣传教育工作，召开群众大会，向群众宣讲政策。与此同时，面对当时部分工商业主裁员减薪，或关门歇业，致使市场萧条，劳资纠纷不断的状况，县委、县政府派出干部进行教育和处理，说服商家安心营业，妥善处理劳资纠纷等问题，使武康等地各商店恢复了正常营业。

德清、武康通过先接收旧行政机构、后接收工厂企业，先接收粮食警察等机关、后接收其他部门，先接收城镇、后接收乡村的方式，自上而下、有重点有秩序地开展旧政权接管工作。至6月底，两县对旧政权及重要机构的接管基本完成。县委、县政府按照人民政权的行政职能逐步健全机构，开始履行职责。

落实“六大任务” 安定社会秩序

浙江解放后至1949年6月底，全省各地、市、县都已初步完成接管城市的任务（除磐安）。但是国民党、蒋介石留给人民的是一个政治上错综复杂、经济上贫穷落后、军事上斗争残酷的浙江，匪特活动猖獗、城乡经济不通、粮食极度缺乏等种种困难接踵而至。

1949年6月15日，中共浙江省委第一次扩大会议提出了把党的工作重心暂时放到农村去、以农村兼顾城市的工作指导方针，并确定了7、8、9月三个月的工作任务，要求各地（市）、县委把主要力量转入农村，完成发动群众、剿匪反霸、生产救灾、征借粮食四大任务。9月10日至20日，中共浙江省第一次代表会议召开，将四项任务扩展到六大任务，增加了减租和组织群众大多数两项任务。10月，嘉兴地委和临安地委分别向所属县区传达省委“六大任务”精神。根据省委、嘉兴地委、临安地委指示精神，德清、武康县委分别派出工作队进行广泛宣传和发动，以落实完成“六大任务”为中心，推动建党、建政、建立农村革命秩序。

发动群众征借粮食。国民党逃离浙江时运走大批粮食，再加上1949年水灾严重，农业歉收，造成全省粮食紧张，民食和军粮双双告急，因而省委把征集粮食列为“六大任务”之一。当年，德清、武康也遭受水灾，受灾农田7万亩，其中1.6万亩农田颗粒无收，粮荒严重。为使征粮工作顺利开展，保证军粮、民食的供应，中共浙江省第一地委在5月24日发出《关于征借粮工作的指示》，经地委讨论并规定德清县应征数目：全县耕地287400亩，应征借374万斤。

征借工作按照“先征借后征收”的步骤，坚持“以户为单位，按亩累进，掌握粮多多借，粮少少借，无粮不借”的原则，首先由广大农民自报征借粮食数额，然后由群众进行评议，最后确定征借粮食的具体数额。在征借粮期间，党员干部（部分担任指挥剿匪的除外）都深入乡村做好征借粮食这一中心工作。征借过程中有部分富农、地主以瞒报土地多报户口的办法达到少征（借）粮的目的，也有不登记不交税费的“黑田”存在，也有抗拒征粮的行为发生。因此，下村干部就发动群众与之展开坚决的斗争。通过查对田亩册和知情人检举，发动群众开展反“黑田”斗争，迫使地主坦白交代，补缴公粮，使公粮负担趋向合理。据武康县城郊、三桥、莫干、上柏等4个区77个村的统计，共查出“黑田”2.3万亩；德清县有36个村查出“黑田”3.2万亩。最终，按照“合理负担”的要求把具体的征粮任务落实到户。两县共完成征借粮任务2298吨，其中德清完成1996.7吨，武康完成301.3吨。

征借粮工作基本结束后，两县根据省定原则制订了《征收1949年农业税暂行办法（草案）》，进行土地、人口登记，结合发动群众反“黑田”，组织人员填造粮册，发动群众准备粮食，并以区为单位做好粮食征收入库和减免农业税工作。

开展剿匪反霸斗争。新中国成立初期，德清、武康两县匪患严重，境内共有17股地方反革命武装势力，其中德清有11股，武康有6股。两县的反动道会门组织也相当庞杂，尤其一贯道、同善社人多势众，共有坛主327名，道首、道徒共有2.6万余人，匪霸活动十分猖獗。国民党残余武装力量、惯匪恶霸和地痞流氓等反动势力的破坏活动严重妨碍党和政府工作的开展，危害着人民群众和国家的安全。为保卫人民生命财产，建立城乡革命秩序，巩固新生的人民政权，中共德清县委、武康县委和中国人民解放军驻县部队遵照中共中央“必须坚决肃清一切危害人民的土匪、特务、恶霸和其他反革命分子”的指示，统一领导解放军各剿匪部队、当地公安人员和广大民兵，组织发动群众开展大规模的剿匪反暴斗争，努力为两县创造安定的社会环境。1949年5月根据浙江省委、嘉兴地委和临安地委统一部署，德清、武康剿匪反霸斗争分三个阶段进行，至1950年10月两县土匪基本肃清，共计击毙匪徒6名，俘获257名，迫降330名，收容散兵游勇338名；缴获轻机枪1挺、自动步枪4支、冲锋枪1支、长短枪64支、手榴弹55枚、子弹1700余发、军马1匹、电话机2部，以及大批军需物资。剿匪斗争的胜利，彻底肃清了国民党残余武装，巩固了人民政权，保护了人民的生命财产，维护了城乡革命秩序。不仅对安定民心、保障社会稳定、恢复和发展国民经济起到了十分重要的作用，而且锻炼和纯洁了干部队伍，提高了人民群众的政治觉悟，为解放初期德清、武康两县各项工作的开展创造了稳定的社会环境和扎实的干群基础，并为后续的土地改革、镇压反革命运动奠定了良好的社会基础。

在大规模军事清剿武装匪特的同时，德清、武康两县开展了民主反霸斗争。反霸斗争既是查清匪特的重要一环，也是随之开展的减租减息斗争的组成部分。1949年9月起，两县县委、县政府派出工作队，配合区政府以刚建立的农民协会组织为基础，发动群众进行反霸斗争。德清县在城关区方山乡首次发动组织群众召开对恶霸地主的斗争大会。至12月，全县13个乡有2.5万余群众参加了反霸斗争，斗争了19个恶霸地主。武康县77个村中有69个村开展了轰轰烈烈的斗争恶霸运动，共斗争了34个恶霸。在反霸斗争中清算出大米60.19吨。

反霸斗争极大地鼓舞和调动了广大人民群众的积极性，促进了剿匪斗争的胜利开展。剿匪反霸不仅肃清了国民党在乡村中的残余势力，而且初步起到了教育、发动和组织群众的作用，启发了群众的阶级觉悟，为随后的减租减息运动做好了思想准备。

开展减租运动。在土地改革前，德清、武康两县的土地属于私有，大量土地掌握在地主、富农手里，城镇的富商也在农村购买大量土地出租。因此，贫雇农只有少量土地甚至没有寸土。地主、富农向贫雇农出租土地，重租剥削，不劳而获。贫雇农终年操劳却要将大量的劳动成果用于交租，遇上大灾之年，全部的劳动果实也不够用来交租。地主、富农还利用手中的金钱、财物放高利贷，盘剥农民。

随着反霸斗争的开展和农民协会组织的初步建立，农民在政治上获得翻身的同时，经济上开始提出减租、废除高利贷及额外剥削的要求，有的地方出现拒交租的现象。为此，中共德清、武康县委把做好减租工作列为重要工作来抓。1949年10月16日，中共浙江省委作出《关于减租问题的指示》，要求各地从实际出发进行减租斗争。11月中旬，两县召开由县、区干部和农民代表、积极分子参加的座谈会，着重研究减租工作的步骤和方法。县委工作组到各地重点了解“租田关系”，摸清地主占地和收租情况。根据“大胆放手发动群众”的方针，采取走群众路线的方法，启发、引导农民控诉地主阶级重租剥削的种种罪恶，激发群众的阶级觉悟，与地主开展面对面的说理斗争，教会群众减租的计算方法。

经过一年多时间的努力，至1950年6月，两县减租运动基本完成。通过减租斗争，农民减了租谷负担，废除了高利贷，贫苦农民的生活得到初步改善，生产积极性大为提高，也推动了粮食征收任务的完成。

生产自救减灾度荒。1949年，德清、武康连遭两次洪水侵害。至1950年春，青黄不接，两县人民遭受断粮危机。据武康县委灾情报告统计，当时武康农村困难户（指家无存粮，天天挣粮度日）有800户，计3153人，占全县总人口的5%；绝粮户有724户，计2030人，占全县人口3.4%；外出讨饭户有213户，计477人，占总人口的0.8%。许多农户靠茅藤根、榆树叶（皮）、野菜等野生植物代粮充饥。德清也和武康一样春荒严重。

面对严峻的缺粮现状，两县县委分别发出《关于厉行节约、生产度荒的指示》，要求各乡（镇）都要建立生产度荒委员会，负责生产度荒的具体工作，组织妇女及其他剩余劳动力在养好春蚕的同时，去踏荸荠、挖野菜以度粮荒，并努力开垦荒地，以扩大粮食种植面积。县委及各单位除个别干部留守机关外，其余都下乡抓好春耕生产和度荒工作，切实保证“做到不饿死一个人，不荒废一亩地”。

1949年秋，两县人民银行成立后，积极扶持农村手工业与副业生产，支持农民春耕度荒，向农民发放蚕种、麦种贷款。其中，德清县由银行派员下乡直接对农民发放贷款。1950年2月、4月，德清、武康分别成立县供销合作总社。次年，德清建立14个基层社，武康建立8个基层社。通过供销合作社对群众的生产和流通实行价格优待、廉价配售、低息贷肥、贷款优惠政策和大力收购推销土特产品等措施，扶助农民抗灾度荒，恢复和发展生产。

在着重抓好粮食生产的同时，两县组织群众大力兴修水利，提高抵御自然灾害能力。1950年3月，德清县成立水利委员会和生产救灾委员会，发动群众培修圩堤、修建闸门、开挖渠道、兴建山塘，政府贷以资金或以工代赈。1950年，两县下拨救济粮40.14吨，救济款2.3万元，用于救济鳏寡孤独和无劳动力人群。此外，两县县委、县政府制定一系列促进生产发展的有力措施，开展增加生产、厉行节约运动。

由于大规模开展治水、治虫、积肥、开荒等生产活动，农业生产迅速得到恢复。1950年与1949年相比，两县的耕地面积从35.5万亩增加到37.27万亩；粮食总产量从3.43万吨增加到5.87万吨，增产幅度达71.14%。粮食、蚕茧的丰收有效地克服了财政经济的严重困难，初步改善了人民生活，度过了1950年的春荒。

与此同时，两县县委在完成“六大任务”的各项工作过程中，从农村提拔了数百名积极分子和先进分子担任区、乡干部，选拔大批积极分子充实到村级组织，不仅巩固了基层政权组织，扩大了党的基层力量，而且进一步密切了党、政府与群众的关系，为土地改革、抗美援朝和镇压反革命三大运动的胜利奠定了基础。

德清、武康两县改革旧的婚姻制度

旧中国封建桎梏的一个重要方面，是以夫权为中心、压迫妇女并剥夺男女婚姻自由的封建主义婚姻制度。中国共产党历来重视婚姻制度改革及相连带的社会问题。新中国成立后，过去封建社会的社会道德、社会习俗以及半殖民地萎靡的社会风气，均在中国共产党和人民政府有领导、有步骤的扭转与扫除之列，并集中体现为对旧的婚姻制度的改革。1950年5月1日，《中华人民共和国婚姻法》（以下简称《婚姻法》）开始施行，这是新中国成立后制定的第一部基本法律。

《婚姻法》颁布实施后，德清、武康两县县委、县人民政府就立即组织认真学习《婚姻法》的基本精神，要求各乡镇党委和各级妇联组织根

1951年德清、武康两县数对青年男女举行集体婚礼场景

据本地实际制定宣传贯彻《婚姻法》的实施意见，向群众进行广泛的宣传教育。由于《婚姻法》颁布后的半年内，正是抗美援朝、土地改革和镇压反革命三大运动紧张之际，广大干部群众对学习《婚姻法》没有足够重视，也存在着不少思想障碍，阻碍了《婚姻法》的顺利贯彻，封建婚姻制度并没有随着《婚姻法》的颁布而完全消除，限制妇女参加政治活动和生产劳动的事仍有发生。但两县在《婚姻法》宣传贯彻的一年多时间里也取得了一定成绩。其间，两县男女双方因包办婚姻等自愿离婚的有43对，寡妇改嫁的有92人，童养媳回娘家的有91人，尼姑还俗的有9人，登记结婚的有166对，举行集体婚礼的有82对。

两县县委针对《婚姻法》在贯彻实施中存在的问题，及时作出新的部署，通过组织县、区、乡、村四级干部自上而下地开展一次《婚姻法》学习，纠正对新婚姻制度的各种不正确认识。在学习的基础上，检查所在区、乡《婚姻法》贯彻情况，制订出此后宣传贯彻《婚姻法》执行计划。1952年9月，两县结合司法改革，将《婚姻法》宣传贯彻活动推向高潮。其间，两县共纠正和处理了婚姻案79件。

1953年2月和3月，德清、武康相继成立贯彻《婚姻法》委员会。4月，两县县委组织县级机关干部和区、乡、村干部作为骨干队伍，深入基层广泛开展宣传贯彻《婚姻法》活动。此次活动中，武康县受到《婚姻法》教育两次以上的群众达15000人。德清县90%的群众受到一次《婚姻法》教育，有60%的群众受到二至三次教育。

经过广泛开展《婚姻法》宣传教育，广大干部群众在思想上对《婚姻法》有了一个正确的认识，改变了《婚姻法》是“离婚法”“妇女法”“拆家法”“压迫男人法”等不正确的思想。随后，各级党委把宣传《婚姻法》列入计划、检查、总结工作内容，作为一项长期的政治任务来抓，在部署生产任务的同时，经常结合《婚姻法》的宣传贯彻。由此，《婚姻法》的宣传贯彻活动日趋经常化。

德清、武康两县《婚姻法》的宣传贯彻，使受压迫受束缚的妇女获得了解放，农村中重男轻女、包办强迫婚姻、领养童养媳、干涉婚姻自由、打骂老婆、虐待媳妇等现象大大减少，新的婚姻家庭关系逐步形成，男女自由恋爱、婚姻自主、婚礼简化的风气开始形成。据统计，两县自宣传贯彻《婚姻法》以后，累计自由结婚4107对，因婚姻制度不合理而离婚的1860对，童养媳解除婚约470人，寡妇改嫁310人。

宣传、贯彻和执行《婚姻法》，是一个反封建的社会民主改革运动，有效地推动了妇女的解放，从根本上动摇了封建婚姻制度和旧有家庭关系的根基，也从根本上触动了旧的传统思想观念和伦理道德，全社会逐步建立起新型婚姻家庭关系，促进社会风气发生了很大改变，体现了社会的文明进步。《婚姻法》的宣传贯彻也推动了土地改革运动的进展，妇女权益得到保护，能和男子一样分到土地，极大地激发了妇女的生产积极性，民主和睦、互敬互爱的新型家庭关系更促进了社会风气的改善。

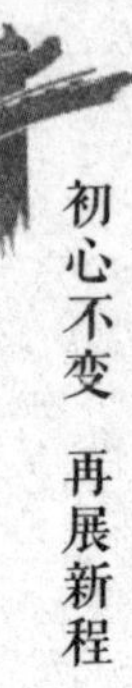

德清、武康两县完成反封建的土地制度改革

封建土地制度是造成农民贫穷和农业生产落后的总根源。把封建剥削的土地所有制改变为农民所有的土地所有制，是中国新民主主义革命的历史任务和基本纲领之一。中华人民共和国成立时，全国还有2/3的地区沿用着封建土地制度。新中国成立前，德清农村中大量土地被地主阶级占有，广大贫雇农没有土地或者只占有极少土地。地主凭借占有的土地，对农民进行死租、活租、押租等名目繁多的剥削，严重束缚了生产力的发展。如果不彻底改变这种不合理的土地所有制，农村的生产力就不能解放，农村经济就不能发展。

1950年6月30日，《中华人民共和国土地改革法》正式实施，明确规定土地改革的路线、方针和政策，指出土地改革的基本目的是废除地主阶级封建剥削的土地所有制，实行农民的土地所有制，解放农村生产力，发展农业生产。

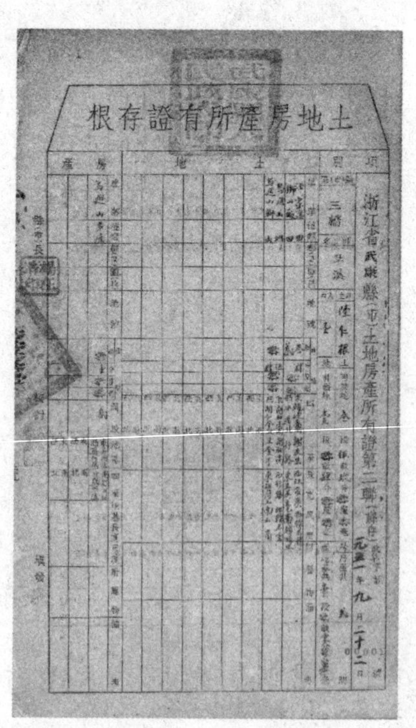

土地房產所有證存根

1951年，武康县人民政府颁发的土地房屋所有证

根据党中央、华东局和浙江省委关于土地改革的指示和嘉兴地委关于修正土地改革工作计划草案的要求，1950年8月，德清、武康两县分别制定《土地改革前工作计划》，规定土地改革前的工作方针是以征粮减租为

中心，安排整风、整理改造村组织及剿匪反特工作，并将生产工作贯彻到一切工作中去。随后，两县抽调干部分批调往省委、地委学习土地改革的有关方针、政策，并抽调学习结束后的骨干力量开办土地改革训练班，组织训练乡村干部及积极分子240余名。

1950年9月和10月，两县分别在城关区城东乡、洛舍区东衡乡、新市区士林乡和千秋乡、塔山乡启动土地改革试点。试点工作主要分宣传发动阶段，划分阶级成分、没收、征收阶段，分配阶段和总结土地改革阶段四个阶段进行。在党的领导下，土改试点工作激发了广大劳动者的积极性，德清、武康两县土改试点工作取得成功。两县在完成试点的基础上，制定了一套比较完善的土地政策，并对每一阶段的要求、范围、政策和做法都作了明确规定，土地改革运动全面铺开的时机逐步成熟。

12月初，两县分别召开干部大会，贯彻浙江省委第二次土地改革试点会议精神，总结推广试点乡土地改革经验，提出“统一部署，统一行动；重点示范，联合行动；以秋征为主，全面完成土地改革任务”号召。一场声势浩大、史无前例的土地改革运动在两县全面展开。到1951年3月，两县的土地改革结束。土地改革不仅改变了农村土地关系，还镇压了一批恶霸地主、匪首、特务及其他反革命分子，对一般地主、土匪和反动党团骨干、反动道会门头子实行关押和管制。共没收地主土地8.32万亩，使2.54万户无地、少地的农户分得土地。征收、没收农具3774件，家具4.36万件，房屋6671间，耕牛273头，农船394只，粮食（稻谷）1060吨。所有征收、没收的财物全部分给生产、生活困难的贫雇农、中农。

为了使土地改革做到尽善尽美，有始有终，1951年4月，中共浙江省委作出有领导地分批展开检查结束土地改革工作的部署。根据华东局和省委提出的结束土改“五条标准”，6月，德清、武康两县对土地改革运动的情况进行了复查，消灭“夹生饭”“假土改”。县委对复查出来的问题逐项进行纠正，妥善处理。对错划成分的予以审核纠正，对村组织不纯的进行整顿，对分配不合理的给予调整。土地改革复查结束后，两县县委向浙江省委和嘉兴、临安地委作出《关于检查结束土地改革的总结报告》。两县根据乡镇土地改革后各户土地占有情况，颁发土地房屋所有证，并把旧地契、债券、契约等当众销毁，从法律上承认农民分得的土地和房屋所有权。

土地改革工作的胜利完成，消灭了地主阶级封建土地所有制，实现了农民土地所有制，使农村社会面貌和经济生活发生深刻变化。农民有了自己的土地，广大妇女也同男子一样分得一份土地，在经济上取得了独立地位。劳动者真正成为土地的主人，促进了农业生产力发展，调动了农民的生产积极性，为农业生产发展奠定了坚实的基础。到1951年，武康、德清两县粮食总产量12574万斤，比1949年增长54.5%；蚕茧总产3.94万担，比1949年增长46.4%；猪年终存栏0.92万头，比1949年增长74%；羊年终存栏3.58万头，比1949年增加57%；农业总产值3818万元，比1949年增长55.26%。

土地改革摧毁了封建地主阶级对文化的垄断，使农村的文化教育事业得到发展。伴随着农村经济的复苏，广大农民对文化科学的需求日益迫切，两县县委、县政府因势利导，组织开办农民夜校，满足农民学习文化科技的需要，并引导他们积极参与农民协会、民兵组织、青年团和妇女会等群众组织。土地改革密切了党群关系，巩固了人民政权，锻炼和培养了一批农民群众自己的基层领导。经过土地改革，乡农民代表大会成为经常性的民主制度，农村行政管理的权力由农民自己组建的农民协会和乡人民政府行使，加强了工农联盟、巩固了人民政权。土地改革期间涌现出来的农民积极分子，大批被选拔为基层政权的领导骨干。

国民经济的恢复与初步发展

新中国成立初期，德清、武康两县经济形势十分严峻。当时，人民生活极端贫困，社会生产力水平低下，工农业发展基础薄弱，城乡交通受阻，城乡卫生环境恶劣，水利基础设施极为落后，常遭受水旱灾害侵袭。建设新政权的任务任重而道远，面临着许多困难。

当时，浙江省委作出"把工作重点转到农村"的决定，这不仅是为了巩固人民政权、发展农业生产、改善农村经济，更重要的是，农业是恢复整个国民经济的基础。由于浙江所处的地理位置和省内自然环境使得自然灾害频繁，因而要发展农业，就必须修建水利基础设施。1949年恰遇水灾，两县遭受严重洪涝威胁，浙江省人民政府拨专款治理西险大塘，实施培土整修、抛石护塘工程。之后，两县县委、县政府大力发动群众兴修水利，抗灾救灾。在推动农村土地改革运动之时，贯彻以"小型为主，群众自办为主，当年受益为主"的方针，采用以工代赈和国家投资的办法，以防洪为主培修堤塘、修建闸门、兴建小型山塘水库。1950年，两县县委、县政府积极发动群众，组织民工全面培修堤塘，先后对湘溪塘、险塘、大祺圩、兴角淇、大田圩、杨树湾、山罗圩、七里塘、尚书圩、十二里塘等进行加固培修。到1953年，共培堤875千米，改建涵洞4875个，修建水闸3座，投工124万工日，完成土方143.55万立方米，原有水利设施通过整修改造基本能重新发挥作用。

水利建设的初战告捷，农业生产技术的初步改进和提高，使农业生产开始得到恢复。1952年，两县农业总产值由1949年的2459万元（按1980年不变价，下同）增加到4658万元。全社会主要农产品产量大幅度提高，1952年与1949年相比，粮食总产量由3.43万吨增加到7.51万吨，增长118.96%；油料总产量由1290.3吨增加到1623.1吨，增长25.79%；蚕茧由913吨增加到2448吨，增长168.13%；茶叶由82.4吨增加到181.8吨，增长120.63%；生猪全年饲养量由1.29万头增加到2.61万头，增长102.33%；羊的年末存栏总头数由2.05万头增加到4.92万头，增长140%。

在恢复农业生产的同时，两县的工业生产也逐步得到恢复。新中国成立前，两县的工业生产十分落后，仅有两家缫丝厂和少量工业作坊，设备简陋，生产工艺落后。1949年，两县工业总产值仅为339万元，占两县工农业总产值的12.12%。新中国成立后，两县县委、县政府认真贯彻中央和上级党委关于采取委托加工、加工订货和统购包销、调整税收负担等多项措施，并教育私营企业工人努力完成生产任务，扶持关停企业复工。一些工商界人士在政府鼓励下，也纷纷集资兴办一些工业作坊，原有工业作坊也逐步发展为工业企业，工业经济得到初步恢复和发展。到1952年，两县工业总产值达876万元，比1949年增长158.41%。

新中国成立后，两县人民在党和政府的领导下，消灭了剥削制度，翻身当家作主人。在农村通过土地改革，解放了农村生产力，发展了农业生产；在城镇，工人阶级当家作主，充分调动了工人阶级的生产积极性和创造性，促进了工商业的发展。在工农业恢复的同时，交通、邮电事业也有了初步发展。货运周转量由1951年的188.3万吨/千米增加到1952年的255万吨/千米；水路货运量由1951年的2.93万吨增加到1952年的4.02万吨。邮电计费业务总量由1949年的3.89万元增加到1952年的8.94万元。

随着经济情况的好转，卫生、体育等事业也有了很大的进步和发展。1949年5月两县人民政府建立后，先后接管了德清、武康两家卫生院。1950年，两县认真贯彻卫生工作“面向工农兵、预防为主、团结中西医、卫生工作与群众运动相结合”的方针，逐步建立人民政府卫生科、防疫卫生委员会等卫生行政机构，同时引导两县医务人员在“政府引导、自愿结合、集体经营、民主管理”的基础上兴办各类卫生医疗机构，相继建立县人民医院、区卫生所、防疫站、妇幼保健站、联合诊所等。1952年，两县分别成立由县长兼任主任的防疫卫生委员会，大力开展爱国防疫卫生运动。通过组织开展爱国卫生突击月、宣传月活动，制定爱国卫生公约，举办农村干部短训班，发动群众灭蚊、灭蝇、捕鼠、清垃圾，搞好环境卫生和饮食卫生、保护水源等群众性爱国卫生运动，初步改善了人民群众的生活环境和卫生条件，疫情肆虐乡间的状况得到初步控制。到1952年底，两县已有各类医疗机构24所，299名卫生工作人员，消灭了天花，控制了伤寒、副伤寒、血吸虫病、丝虫病、疟疾等疾病的发病率，为逐步消灭这些严重危害人民群众健康的疾病打下了基础。卫生事业的初步发展促进了人民体质的增强和群众性体育运动的开展。1951年，德清县举办第一届人民体育运动大会。之后，两县认真贯彻“发展体育运动，增强人民体质”的方针，积极组织群众开展体育活动和体育竞赛，并确立了体育在学校教育中的重要地位。

德清、武康解放后，从1949年5月到1952年底，两县人民经过三年多的艰苦奋斗，在国民经济得到恢复和发展、国家财政经济情况得到根本好转的基础上，人民的生活也得到初步改善，生活水平有了一定的提高。1949年，两县社会商品零售总额1125万元，1952年增加到1742万元。其中消费品零售总额1949年为953万元，1952年达到1510万元。粮、油、蛋、盐、烟、酒、糖等食用商品社会销售总量逐年提高，特别是粮食零售量，从1951年的1.11万吨，增加到1952年的2.12万吨。1950年，两县猪肉社会零售量为1000头，到1952年达到1.44万头。随着人民生活水平的提高，整个社会面貌和人民的精神面貌也发生了深刻的变化，到处呈现出一派生气勃勃的景象。

抗美援朝爱国运动的广泛开展

1950年6月，朝鲜战争爆发。美国武装干涉朝鲜内政，打着联合国旗号派军队大举进犯朝鲜民主主义人民共和国，并迅速向中国东北边境推进，严重威胁中国安全。中国政府于1950年10月组织中国人民志愿军赴朝作战，以大无畏的英雄气概，毅然承担起保卫和平的历史重任。11月4日，中国共产党和各民主党派发表抗美援朝联合宣言，号召“在全国普遍深入地开展抗美援朝、保家卫国运动”。德清、武康两县各界积极响应号召，广泛开展轰轰烈烈的抗美援朝爱国运动。

抗美援朝运动开始之时，两县的土地改革正在由点到面展开。遵照上级“一切工作都要有利于抗美援朝、保家卫国运动”[①]的指示，两县县委及时调整土改计划，把抗美援朝作为推动土改、推动生产、推动一切工作的强大动力。1951年2月，两县县委召开会议，部署开展“抗美援朝、保家卫国”运动，确定以宣传教育为工作重点，通过宣传发动，教育群众争取和平、制止战争，动员广大青年参军，保卫土改胜利果实，开展增产节约、捐献飞机大炮、做好拥军优属等工作。两县县委还专门召开全县干部大会，宣传国内外形势，澄清干部中的模糊思想。同时，要求广大干部在人民群众中广泛开展宣传动员工作。

1951年4月，两县县委层层召开干部、各界代表以及青年、妇女等群团会议，广泛发动群众现身说法，控诉反动派的罪恶，揭露美国妄图侵略中国的罪行。两县县委充分利用五一、七一、八一、十一等节日庆典活动，开展抗美援朝、保家卫国的宣传教育，举行了反对美国侵朝战

①德清县史志办公室著:《中国共产党德清历史》第二卷(1949−1978),中共党史出版社2010年版,第44页。

1951年11月9日，德清各界人民慰问团返德后合影

争的和平公约签名活动。为推进抗美援朝运动的深入发展，两县县委及时开展了时事宣讲活动。同年7月，两县组织各界代表听取中国人民赴朝慰问团代表关于朝鲜战局的报告。报告会后，与会代表分头到各区、乡、单位向广大群众宣传，有力地推进了抗美援朝教育运动。同时，两县还组织声势浩大的游行，参加集会游行的群众达10万多人。通过一系列宣传教育活动，极大地鼓舞了广大群众抗美援朝、保家卫国的信心和决心，以实际行动投入到抗美援朝、保家卫国的运动中去。

随着宣传教育工作的深入开展，广大群众生产积极性和爱党爱国热情空前高涨。在此形势下，两县县委按照中共嘉兴地委和临安地委的统一部署，作出动员适龄青年积极参加中国人民志愿军的决定，并及时将名额分配到各乡镇。德清县广大农村青年自觉报名参加中国人民志愿军，报名人数多达7000余人；武康县青年报名参军及要求赴前线的医务工作者共达1500余人。两县对报名的青年经过体检及政审，批准光荣入伍的共计388名。

与此同时，两县动员各界人民响应中国人民抗美援朝总会“六一”

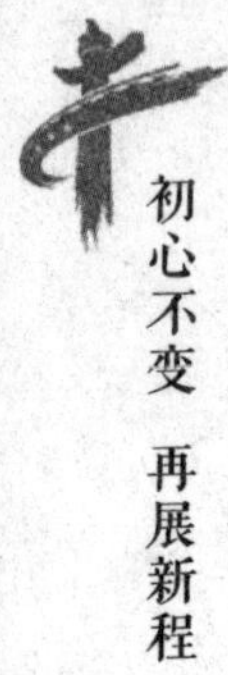

号召[①]，开展爱国增产、增加收入、捐献飞机大炮、巩固国防活动。德清、武康两县以区、镇、乡为单位进行广泛发动，很快形成捐献飞机大炮的热潮。据统计，德清县各界捐献飞机大炮款26.5万元，子弹款4208元，慰劳款1854元；武康县捐献飞机大炮款2.4万元，慰劳款4572元。

此外，两县县委还根据嘉兴地委和临安地委关于制定爱国公约的指示精神，把订立爱国公约看成是两县各阶层人民团结一致爱国行动的具体纲领，发动乡、村、工厂、企事业单位、学校、医院等进行认真讨论，相继订立爱国公约，并互相督促，自觉遵守执行。

1951年1月4日，中国人民抗美援朝总会发出《关于慰劳中国人民志愿军和朝鲜人民军并救济朝鲜难民的通知》，继而又发出《关于春节开展慰劳中国人民志愿军家属运动的通知》。浙江省决定当年2月为“拥优月”。德清、武康县委根据上级指示，分别成立拥军优属委员会，积极开展各种拥军优属活动。1951年10月24日至11月11日，德清县委和县人民政府组成德清县各界人民慰问团，到南浔、湖州、嘉兴三地慰问志愿军伤病员。

1953年7月27日，美国被迫在停战协定上签字，抗美援朝战争胜利结束。在历时两年零九个月的抗美援朝运动中，德清、武康人民在人力、物力、财力等各方面作出了自己的贡献。经过抗美援朝、保家卫国运动，两县人民极大地提高了民族自尊心、自信心，确立了爱国主义思想，推动了各项工作的开展，促进了国民经济的迅速恢复和发展，为国家进行大规模经济建设创造了良好的条件。

①“六一”号召：关于推行爱国公约、捐献飞机大炮和优待军烈属的三大号召。

党执政初期德清地方党组织的自身建设

党在土地革命战争时期、抗日战争时期和解放战争时期都在德清、武康两县建立过组织并开展过艰苦卓绝的斗争。两县解放后，党组织积极培训先进分子并考察符合条件的同志入党，抓紧各级、各部门党的组织建设和自身机构建设，还着重抓了党的作风建设、基层组织建设和干部队伍建设。

1949年5月17日和21日，德清、武康两县县委建立后，一面指派干部进山下乡，征粮借草支援前方部队；一面发动群众，配合解放军围剿土匪、打击国民党残余势力，建立乡村政权。1949年10月起，两县在传达贯彻浙江省委和嘉兴、临安地委关于开展剿匪、反霸、减租、征粮、生产度荒和发动组织群众的“六大任务”的同时，开始在农村有领导、有重点、有计划吸收积极分子入党，发展和建立党的基层组织。到1949年底，德清县有共产党员82名，设立城关、新市、洛舍、下舍、双马[①]5个区委、8个县机关党支部。武康县有共产党员75名，设立城郊、三桥、上柏、仁山、莫干5个区委，7个县区机关党支部、1个农村党支部。同时，党组织按照“小心谨慎、有领导、有计划地个别吸收”的建党原则，在贫雇农及中农出身的乡、村干部和农民积极分子中培养建党对象，经过思想教育和实际工作考验，吸收部分符合入党条件的先进分子入党，使党员队伍迅速扩大。到1950年底，两县有共产党员322名（德清167名，武康155名）。两县党组织也有了较快发展，武康县已有1个党总支，10个党支部；德清县据1951年4月统计，已有1个党总支，11个党支部。

①1950年5月撤销双马区。

1949年5月，两县县委和县人民政府成立时，由省委统一选派85名南下干部（德清43名，武康42名）到两县任职，县委领导（县委书记、副书记、委员）由省委任命，县长、副县长由嘉兴、临安地委决定后，报省委、省政府批准任命。1949年6月至1950年2月，两县各区公所及直属镇、乡由县委任命区、乡（镇）长。县委、县政府各工作机构的干部和机关工作人员由县委、县委组织部任命或调配。工作人员由南下干部、部队转入地方的干部、外地调入的干部和国民党政府部分留用人员组成。面对省委"六大任务"，两县县委领导深感工作艰巨，干部缺乏。特别是南下干部与当地群众语言不通，交流困难，对当地情况又不熟悉，因此当地干部尤显缺少。为适应工作需要，两县县委根据省委"大胆而又慎重地吸收贫苦青年知识分子参加工作"的精神，采取多种办法培养、选拔干部，扩充干部队伍。归纳起来主要是通过三条途径培养训练干部，增强干部队伍力量，一是通过剿匪反霸、征粮等实际斗争，发现、吸收一些贫雇农积极分子和贫苦青年积极分子参加革命工作；二是开办短期训练班，选择一批积极分子到短期训练班培训，使他们接受形势与任务、党的方针政策和人生观等方面的教育，初步懂得革命道理，树立起为人民服务的思想，在此基础上，将他们吸收到干部队伍中来；三是从省干校（华东革大）、地委干校（湖嘉公学）培训结业的学员中吸收。1950年上半年，两县建起区、乡、村农民协会和乡政权，废除了封建保甲制度，选拔了一批当地积极分子担任乡村干部。土改时，又动员一批贫苦青年知识分子、农村积极分子参加土改工作队。经过土改运动后，这些积极分子得到锻炼和考察，被吸收到乡政府或区以上机关工作，成为脱产或半脱产干部。在城镇，经过民主改革、镇反、"三反"等运动，先后吸收了一批优秀工人、职员为脱产干部，充实到财经等各个部门工作。到1951年底，两县共吸收干部457名。基层干部的充实，干部队伍力量的加强，使两县范围内的各项工作有序开展，巩固了新生的人民政权。

新建立的乡村基层政权组织经历征粮、减租、组织农民协会、开展

1951年12月，德清县第一届第一次农民代表大会合影

剿匪、反霸、生产自救等工作的考验，逐步得到巩固。但新中国成立初期的社会情况十分复杂，农村封建势力并未受到彻底打击，群众政治觉悟仍需提高，乡村干部容易被封建势力和落后思想所利用，有些特伪人员和坏分子趁机混入基层人民政权组织，搞贪污腐败和营私舞弊，使群众与人民政府产生隔阂，影响了党和政府与人民群众的密切联系。因此，两县县委、县政府根据省委的部署，对乡一级领导干部实行民主选举（简称民主乡选），由人民直接选出乡人民代表，由乡人民代表会议来选举乡长、副乡长和乡人民政府委员会。同时，也撤换或改选了一批不称职的干部，把存在严重强迫命令、贪污腐化、违法乱纪、打骂群众、丧失立场包庇反革命的坏分子从领导岗位上清除出去。通过开展群众性总结评比，总结检查各级干部的思想作风，把起模范作用的积极分子选为乡人民代表。在民主建政过程中，县委派出的工作组深入各村对干部群众进行宣传教育，主要进行新旧政权的对比和为谁当干部、干部该对谁负责、今天的干部与过去的保甲长有哪些不同等问题的学习讨论，并说明干部若不为群众办事，群众可以撤换干部。

通过民主建政，乡村干部的思想作风得到改造，密切了干群关系，纯洁了基层组织。代表在推选过程中，普遍开展批评与自我批评和群众性的审查鉴定，一批思想进步、工作积极、群众基础好的当选了干部，一批问题较多的干部被淘汰。经过民主选举，不仅有计划地为基层政权组织培训了大批地方干部，巩固了基层政权，而且进一步提高了群众的政治觉悟，激发了人民群众当家作主、参政议政的热情。当选的干部以崭新的面貌投入各项工作，为以后农村互助合作运动和经济建设创造了条件。民主建政后，乡（镇）基层政权的组织形式实行委员制，由乡（镇）人民代表会议选举产生的乡（镇）人民政府委员会负责乡（镇）工作。乡（镇）人民政府委员会由乡（镇）长、副乡（镇）长，委员15至17名组成，分管民政、财粮、文教、治安、调解、武装、生产、优抚救济等工作。

为了提高干部的政治文化水平，1951年，两县创办了以文化教育为主的机关学校。1952年5月，德清、武康两县县委分别建立县委干部学校，主要负责对乡村干部的短期培训工作。培训内容以政治和形势教育为主，训练重点是教育干部树立全心全意为人民服务的思想，发扬走群众路线的工作作风，克服基层干部中存在的强迫命令与自私自利现象。1952年下半年，根据“三反”运动的要求，配合整党建党工作，在省委、地委的部署下，两县县委分别将县、区机关干部分批送省委党校和地委干校脱产学习，因工作需要不能离开岗位的一部分干部，由县委负责组织培训学习。

经过几年的努力，德清、武康两县建立了各级党的组织，加强了党的领导，党在作风建设等方面取得了显著成效，党在人民中的威信进一步提高。

粮棉的统购统销

新中国成立后，随着国家各项事业规模的扩大，城镇、工矿区人口剧增，工业的发展使得为种植工业原料的经济作物地区和农户也相应增加，商品粮的需求量急剧上升。而农业生产能力有限加上土地改革后农民对粮食的自给性消费增加，这样就出现了国家粮食收购少而销售多的粮食购销紧张的状况。在粮食供应不足的情况下，小农余粮户侍价惜售，私人粮商粮贩投机活动猖獗，粮食问题严重。为保证工农业生产和国家建设的顺利进行，中共中央决定对粮食实行统一经营。1953年10月、11月，中共中央、政务院先后作出《关于实行粮食的计划收购和计划供应的决议》和《关于实行粮食计划收购和计划供应的命令》，决定在全国范围内有计划、有步骤实行粮食计划收购（简称统购）和计划供应(简称统销)。

浙江的情况同全国各地一样，粮食收购少、销售多，供应紧张。中共浙江省委认为，粮食统购统销政策是在粮食生产处于低水平的条件下，保证国家建设和人民生活需要的必要措施，必须坚决贯彻执行。11月12日，省委发出《关于执行粮食统购统销办法的指示》，指出粮食统购统销工作，必须执行法令与宣传教育相结合的方针，从农民的实际可能出发，既要控制粮源，尽量多购，又要正确执行政策。随即，各地党委成立粮食办公室，政府成立粮食局，负责粮食统购统销工作。

1953年11月，德清、武康两县县委、县政府成立粮食统购统销办公室，负责粮食统购统销工作。12月，两县分别召开三级干部会议，传达党中央和政务院关于实施粮食统购统销政策精神和省人民政府颁发的《浙江省1953年粮食统购统销暂行细则（草案）》。12月下旬，德清、武康两县以乡、镇为单位，召开全体共产党员、青年团员、各界代表及村干部会议，再次进行总路线和粮食统购统销政策的宣传，并从抓住当时农业生产和解决群众迫切要求解决的问题入手，落实粮食统购统销政策。

在统购方面，两县县政府根据嘉兴专署分配的任务数，分配落实到区、乡，以村为单位分户进行余粮情况的摸底排队，计算出统购任务的分户方案，由村汇总报乡政府批准，张榜公布执行。是年，两县统购粮食任务3.6万吨，实际完成3.58万吨，完成任务数的99.42%。1954年10月，浙江省人民政府颁发《1954年粮食统购统销暂行实施办法（草案）》后，德清、武康两县根据各农户粮食实际产量对统购政策重新进行了核定。

在粮食统销方面，两县首先保障的是城镇居民和农村缺粮户的计划供应。粮食统销开始时，德清、武康两县各粮食供应站凭乡镇人民政府或城镇居民委员会、集体伙食单位介绍信供应粮食，城镇居民按年龄计算每月定量供应粮食。城镇居民通过发放购粮证，核定人口，凭证凭粮票供应粮食。与此同时，禁止私商自由买卖粮食，取消私营粮食加工厂的自营业务，组织他们为国营粮食企业和个体农户开展粮食加工业务。

通过粮食统购统销，两县基本上稳定了粮食市场，保证了军需民食。1954年，德清、武康两县遭受了特大洪涝灾害，24万亩农田受灾，粮食减产。为支持抗灾救灾，两县县委、县政府组织粮食部门从东北、江西、福建、广西等地调入粮食1442.5吨，供应受灾缺粮户，稳定了社会和民心。

粮食统购统销政策连续执行两年后，由于部分地区的干部盲目追求征购数字，少数地方出现征“过头粮”，挖了一些农民的口粮，致使有些农户出现粮食紧张。为进一步稳定农民情绪，鼓励增产粮食，并使粮食统购统销制度更加完善，1955年3月3日，中共中央、国务院发出《关于迅速布置粮食购销工作，安定农民生产情绪的紧急指示》，决定在全国范围内试行粮食定产、定购、定销（简称“三定”）的办法。根据“三定”办法，德清、武康两县自1955年起，对农民核定的粮田面积产量，实行三年不变，增产不增购。农民利用田埂、场地、宅基空地生产的粮食，不计产量，全部归农民所有，从而进一步消除了农民怕多产多购的顾虑。通过粮食“三定”，基本上达到“定产实际，留粮合理，群众满意”的要求。1955年，两县定购指标2.8万吨（其中德清1.98万吨，武康8185吨），两县实际完成3.06万吨，超额完成指标的9.23%，两县农村人均留粮256公斤。实行“三定”后，两县粮食生产和粮食购销出现前所未有的大好形势。

曾在粮食统购统销时期使用过的粮票

实行粮食统购统销政策是当时解决粮食供需矛盾的有效措施。在特定的历史条件下，它起到了保证粮食供应、稳定市场物价、支持国家工业建设的积极作用，同时推动了农业生产互助合作运动的发展和对私营粮商的社会主义改造，因而是必要和正确的。

与粮食一样，棉布、棉纱是关系到国计民生和人民日常生活的重要物资之一，对于稳定人民生活和稳定市场物价起着举足轻重的作用。新中国成立后，在党和政府的努力下，全国的棉花、棉纱、棉布产量有了一定的增长，然而这远远赶不上需求的增长。为了保证国家建设计划的实现，保证全国纺织工业用棉和军用棉的供应，有计划地照顾民用絮棉和适当地维持土纺土织，进一步取缔棉布、棉花投机商，强有力地控制棉纱、棉布供应市场，稳定物价，1954年9月14日，政务院发布《关于实行棉布计划收购和计划供应的命令》，决定自9月15日开始，在全国范围内实行棉布统购统销；自1954年秋季新棉花上市起，在全国范围内实行棉花的计划收购。

为加强对棉布计划销售工作的领导，1954年9月初，两县县委分别成立棉布统购统销领导小组，各区、乡、镇也都成立了相应的工作机构。两县的中国花纱布公司，负责对棉花、棉布、棉纱的收购管理，以及对私营棉布零售商社会主义改造的归口领导等工作。县棉布统购统销领导小组建立后，讨论拟定了当地棉布计划供应的初步实施办法，指示有关部门抓紧时间做好各项工作。

棉布统购统销政策是关系到人民群众穿衣的大事，为使这一政策得到人民的拥护和支持，两县采取“先党内、后党外，先干部、后群众”的贯彻方法，进行层层思想发动。县委宣传部编印宣传提纲，着重讲清实行棉布统购统销的目的、意义、范围和定量标准，以及布票发放和使用的有关规定。各乡镇以村、街道为单位召开群众大会，由乡镇干部带头作宣传动员，核实人口，做好发放布票前的各项准备工作。

在实施棉布凭票供应前，统一对国有公司、供销社、私营棉布零售店的库存棉布、棉花进行清理和库存盘点，由国营中国花纱布公司统一登记造册，专人负责监管，有效地控制货源。两县还根据8月5日省委要求各地党委立即部署棉布商改造的通知精神，开展对私营棉布零售商贩进行全行业性的社会主义改造。

为及时准确地将布票发放到户到人，两县以区、乡、镇为单位核实人口，按人口数向上级领取布票数量，实行专人监管和发放布票。德清、武康两县每人定量21市尺，一年一发。每年发放的人均定量布票，根据棉花收成丰歉有所增减，由浙江省商业厅确定。实行棉布统购统销后，使棉布市场发生根本性变化，既保证货源供应畅通与市场稳定，从而保证了社会稳定和人民生活安定，又得到了群众的欢迎。

德清、武康两县首届人民代表大会的召开

人民代表大会制度作为新中国的根本政治制度，是《中国人民政治协商会议共同纲领》明确规定的。新中国成立初期，在全国范围内实行普选的人民代表大会制度的条件不成熟，因而采取了在中央通过中国人民政治协商会议全体会议、在地方通过逐级召开人民代表会议的方式，逐步地向人民代表大会制度过渡。

德清、武康两县于1949年11月、12月先后建立了各界人民代表会议制度，代行人民代表大会的职权。两县各界人民代表会议每三个月召开一次，各界人民代表由各阶层民主推荐产生，会议由两县人民政府组织召开，为过渡到人民代表大会制度积累了经验，奠定了基础。

1955年11月28日，德清县第一届人民代表大会第三次会议全体代表合影

1953年1月，中央人民政府决定在当年度用普选的方法产生人民代表以召开基层人民代表大会，并在此基础上逐级举行地方人民代表大会和全国人民代表大会。而选举各级人民代表的一个重要前提，就要有准确的人口数据。4月3日，中央人民政府政务院发布《为准备普选进行全国人口调查登记的指示》和《全国人口调查登记办法》，确定以1953年6月30日24时为全国人口调查登记的计算标准时间。

按照政务院的统一部署，德清、武康两县进行了人口调查登记和选民登记工作，为普选提供真实的人口数据。根据浙江省委5月19日发出《关于执行中央选举委员会〈关于基层选举工作的指示〉的指示》，两县分别成立人口调查登记办公室，具体领导和协调人口调查中遇到的问题。当时，由于两县农村正在核实粮食统购统销中的粮食消费人口，为实行粮食统购统销做准备，因此县委、县政府领导决定，动员社会力量，将核实人口（调查登记）与粮食“双统”工作合并进行。普查工作从9月14日开始，到9月30日全部结束。经调查、复查和核对，德清县在人口普查登记标准时间中的人口总数为15.93万人，武康县为6.31万人，两县人口总数为22.24万人。两县第一次人口普查的顺利完成，为两县进行普选提供了人口数据依据，也为地方经济、文化和社会建设提供了准确的人口数据。

1953年5月，两县分别成立县选举委员会和选举办公室，下设秘书组和选举事务组，在县选举委员会的领导下进行工作。乡镇选举委员会成员由县任命，主持各自乡镇选举工作。为在中央选举委员会规定时间（1954年3月底）内完成选举，两县县委、县政府发出《关于按期完成基层普选工作的紧急指示》。与此同时，两县选举委员会陆续制订县人民代表大会准备工作方案、代表名额分配方案和选举县人民代表等方案，以指导、组织全县选举工作。5月10日，德清县选择新市区梅林乡为普选试点，至6月25日结束，历时45天。试点结束后，德清县选举委员会组织两个普选工作队、九个普选工作组，于1953年7月下旬开展第一批九个乡普选，即新市区的栎林、乐安、新东、厚皋和下舍区的三来、西葑、油车，城关区的城西乡，洛舍区的干山乡，这9个乡的普选工作于11月上旬结束。第二批14个乡于11月中旬开始，12月上旬完成人口调查和选民登记，12月下旬，四个乡、两个镇普选。至1954年3月底，第二批14个乡的普选工作结束。

武康县于1953年10月11日在全县干部扩大会议上作有关普选工作报告与具体部署，并组织各乡认真讨论。并于会后抽调县机关各部门干部90人组成四个工作队，分赴全县26个（包括莫干山选区）基层选举单位开展工作。选择郭肇乡、安乐乡为试点，然后分为二批进行。第一批13个乡从10月14日开始至12月底完成，第二批10个乡，从1954年2月中旬开始至3月底结束，全面完成普选工作。

1954年3月底，两县完成基层选举工作。德清县共有30个选举单位(28个乡、2个镇)，年龄在18周岁以上符合选民资格的有9.91万人，占总人口数的62.21%，各选举单位选出县人大代表149名（省分配数）。武康县共有26个选举单位，选出县人大代表65人，其中男55人，女10人（省分配数）。普选选出的基层人大代表绝大多数是经过各种考验、受到人民群众拥护的优秀分子、先进积极分子和各阶层的优秀代表人物以及忠心耿耿为人民所爱戴的基层干部。基层普选的完成，不仅使基层政权能够更好地为社会主义建设和社会主义改造事业服务，也为县人民代表大会的召开奠定了基础。

德清县第一届人民代表大会第一次会议，于1954年7月29日至30日在乾元镇召开，出席会议代表应到149人，实到107人。因当时全县进入紧张抗洪排涝，县委、县政府主要领导和大批机关干部都在农村参加抗洪抢种，所以这次会议在当天晚上开幕，第二天凌晨闭幕。会议听取县人民政府《关于过去工作情况及今后工作任务的报告》，总结四年来政治、经济、文化各方面的成就，提出今后工作任务是积极进行农业社会主义改造，大力开展以互助合作为中心的农业增产运动，战胜自然灾害，夺取农业生产全面丰收。

武康县第一届人民代表大会第一次会议，于1954年7月28日至29

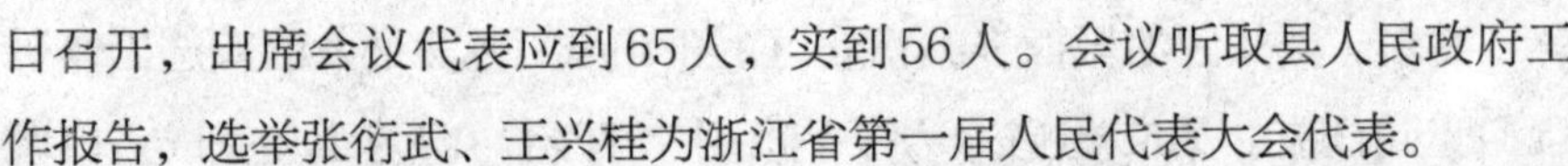

日召开，出席会议代表应到65人，实到56人。会议听取县人民政府工作报告，选举张衍武、王兴桂为浙江省第一届人民代表大会代表。

德清、武康两县首届人民代表大会的召开，宣告了人民代表大会制度在两县的建立，从1949年到1954年期间沿用的各界人民代表会议制度随之终止，标志着两县的政权建设进入了一个新阶段。

农村集体经济所有制的建立
——实现农业生产合作化

中华人民共和国成立以后，中国共产党领导全国人民进行了土地改革，消灭了封建的土地所有制，实现了“耕者有其田”。但大多农民家底薄、经济依然困难，缺少农具，更无力抗拒天灾人祸，不得不将土改中分得的土地出租或变卖，农村中重新出现两极分化，新的地主和贫困农民开始重新出现。党中央及时发现这一新情况，在毛泽东的倡议下，1951年9月，中共中央召开全国第一次农业互助合作会议。接着，颁发了《关于农业生产互助合作决议（草案）》，同年9月，中共中央华东局发出《关于土地改革后农村工作任务的指示》，明确提出“应根据当地条件，生产需要，群众习惯，有步骤地按照自愿结合，等价交换，民主管理等原则，谨慎地逐步而又积极地领导农民组织起来，普遍地组织劳动互助组”。

同年10月，德清、武康两县县委分别召开全县农村干部会议，传达全国第一次互助合作会议精神，认真讨论了土改后农村工作的任务与方向，提高干部对互助合作重要性的认识，使干部理解农民组织起来的好处。两县县委根据上级指示，有计划地在广大干部群众中进行土改后农村方向前途的教育和党的互助合作方针、政策的教育，并借鉴原农村中就有的“调工组”“伴工组”“帮工组”等互助组形式，引导农民组建互助组。

1951年春，在县委具体指导下，雷甸乡农户沈法堂在吸取组建临时互助组经验和教训的基础上，以2户雇农、9户贫农为骨干，吸收5户中农、2户富农建立常年互助组。是年3月，武康县莫庚乡庚村出现由9户农民参加的陈立芳伴工组，后发展为全县第一个常年互助组。两县第一个互助组分别建立后，由于团结一致搞生产，取得显著成效，组员看到了组织起来的优越性，对附近农户影响也很大。邻近的双溪乡、塘北乡农民经常有人来参观，还邀请沈法堂、陈立芳去做经验介绍。两县县委及时把沈法堂、陈立芳互助组的经验向各自县内区、乡推广，有力地推动了两县互助组组建的工作。至1951年底，德清县就有常年互助组62个，临时互助组557个，参加互助组的农户有6653户，占农业总户数18%，有1.01万人，占应组织人口19%。组织互助组促进了农业生产发展，农民的生产条件和生活状况均有所改善。

从1952年至1953年，在开展互助组的同时，两县进行了初级农业生产合作社的试点。1952年初，浙江省第二届劳动模范会议召开，德清县雷甸乡的省农业劳动模范沈法堂参加了会议。沈法堂参加会议回来后，向县委、县政府提出试办合作社设想与要求。德清县委认为沈法堂互助组建立时间早，骨干力量强，有一定的管理经验，群众又有办合作社的愿望，决定以沈法堂互助组为基础试办初级合作社，并派县农委主任带领工作组具体帮助指导，发动农民自愿报名入社。1952年5月31日，德清县委正式批准沈法堂初级合作社建立，成为德清县第一个农业合作社。

沈法堂初级合作社的诞生，为德清县农民树立了合作化的榜样。随后，德清县城关区城郊乡潘阿毛、俞小毛两个互助组也开始试办初级农业生产合作社，于1952年11月13日被德清县委正式批准。潘阿毛初级社办社第一年，农副业总收入21.02万元，比上年增加1.55万元，增长8%。俞小毛初级社办社第一年，粮食获得丰收，全社种植水稻143亩，平均亩产215.5公斤，比上年增产27公斤，每个社员平均收入稻谷734.5公斤，比上年增加173.5公斤。这两个初级社取得丰收，充分体现了组织初级社的优越性。

1953年12月，中共中央《关于发展农业生产合作社的决议》下达后，德清、武康县委通过贯彻中央决议采取“重点试办、逐级试办、发展一批、巩固一批”的方法，对各区、乡作出部署，领导全县农民兴办半社会主义性质的初级农业生产合作社，层层抓好试点，促进合作化运动的发展。1954年4月30日，两县县委为加强对合作化运动的领导，分别建立县委农业生产互助合作部，负责对农业互助合作的协调与组织工作，并对发展互助合作提出规划，以进一步促进互助合作运动的健康发展。到6月底，德清县已办初级社19个，入社农户362户。1954年1月，武康县委首先在袁水法等7个常年互助组进行重点试办初级社，至年底，全县组建初级社133个。

就在全省农村合作社积极性进一步高涨之时，中共中央发现也有部分农民对参加合作社仍存在各种顾虑，各级领导尤其是区以下广大农村干部缺乏办社经验，远远落后于客观形势的需要。1955年1月10日，中共中央发出《关于整顿和巩固农业生产合作社的通知》。随后，省委提出："今冬明春对农业生产合作社的方针应该是：'积极领导，大力巩固'，打下良好的坚实基础，为今后两三年内农业合作社的大发展做好准备工作。"同年2月，省委又提出"停止发展，全力巩固"的方针。3月25日，中央农村工作部针对浙江省合作化步子过大过急的问题，建议浙江省委采取"全力巩固，坚决收缩"的方针。为贯彻这一方针，4月8日，省委召开各县县委书记、分管农业的副书记、互助合作部部长等参加的省委工作会议，认真学习了《关于整顿和巩固农业生产合作社的通知》，基本达成统一认识后，要求各县贯彻好这一方针。会后，两县县委召开有县委委员、区委书记参加的县委扩大会，传达省委工作会议精神，全面分析互助合作运动情况，按照能巩固的社坚决巩固，不能巩固的社坚决收缩的精神，对初级社进行分类排队，并根据初级社的办社基础和社的领导力量，提出了巩固、收缩的初步方案。

1955年10月，德清县制订了《关于全县农业合作化全面规划的报告》。随后，德清县委在城郊、茅山、雷甸三个乡试办三个高级农业合作社。1955年冬，德清县委书记王若山带领有办社经验的干部，在城郊乡建立了全县第一个高级农业生产合作社——明星高级社。

1955年12月，中共浙江省委第五次代表会议作出《关于农业合作化

1956年2月，德清县新市镇渔业生产合作社成立

问题的决议》，明确提出在1957年完成农业半社会主义合作化，高级社达到一万个左右的发展指标。随后，两县农村很快出现了小社并大社，初级社升高级社的热潮，掀起了以发展高级社为中心内容的农业合作化运动第二个高潮。到1956年7月底，已有96.7%的农户加入了合作社，其中加入高级社的农户已占到农户总数的60.8%。高级社在生产中显现出它的优越性，对发展生产、增加社员收入带来了许多好处。实现合作化后的1957年，两县农业生产获得了丰收，粮食总产量达到8.97万吨，比1953年7.09万吨增长26.52%，油料、蚕茧、茶叶、畜牧等副业生产也获得增产，社员经济收入普遍增加，农民生活水平有了提高。

德清、武康两县农业合作化的实现，对于推进整个社会主义改造事业具有重要的意义。它大大地解放了农村生产力，促进了农业生产的发展，特别是在推动兴修水利、改革农业耕作制度、推广先进生产技术、抗御自然灾害等方面，合作社发挥出更多的优势，显示出社会主义集体经济的优越性。

中共德清/武康第一次代表大会召开

新中国成立后，在中国共产党的领导下，德清、武康两县人民政权日益巩固，经济社会迅速恢复发展，人民生活日益安定，党的建设也得到快速发展。尤其是经过各项政治运动的考验和经济工作的实践锻炼，各级党组织战斗力有了明显增强，党员思想觉悟有了显著提高，党委在集体领导和民主作风方面有了不同程度的进步，党的基层组织和党员队伍迅速扩大。到1956年，德清、武康两县已有党支部142个，党员3028名。

随着社会主义改造的快速推进和大规模社会主义建设的逐步展开，迫切要求尚处于探索实践阶段的各级党组织认真总结执政以来的经验教训，以统一思想，明确思路，团结一切可以团结的力量，调动一切积极因素，加强党的建设，提高党的执政能力，加快社会主义建设步伐。在这样的历史时刻，筹备召开县（市）党的代表大会被提上重要议事日程。根据中共浙江省第二次代表大会将于1956年7月1日召开的安排，中共嘉兴地委于4月20日作出《关于召开党的县、市代表大会的指示》，要求各县（市）筹备召开党的代表大会。

为开好首次党代会，两县县委在召开前做了大量细致的准备工作。在召开县委常委会议专题讨论召开第一次党的代表大会有关工作后，两县分别召开县委扩大会议，传达学习省委、嘉兴地委关于开好各县首届党代会的指示精神，明确指导思想和目的、意义。同时建立党代会筹备委员会，负责协调有关事项，起草县委工作报告（草案），做好党代会代表选举及大会决议（草稿）、日程安排等。

中共德清县第一次代表大会，于1956年6月9日至13日召开。出席这次党代会的正式代表153人，列席代表19人。大会认为：七年来胜利完成土地改革、镇压反革命、剿匪反霸等三大运动，从根本上改变封建生产关系，解放了农村生产力，保持了社会稳定；发动全县人民以实际行动支援抗美援朝，掀起了参军、参战、捐款捐物的热潮；广泛开展党在过渡时期总路线、总任务的宣传教育，对农业、手工业、资本主义工商业的改造取得了初步成效；加强了党的组织建设和思想建设。会议提出此后两年内基本任务和第三季度工作意见：全力巩固提高农业生产合作社，坚决贯彻“勤俭办社”方针，发展生产，开展社内多种经营，保证社员增加收入；深入开展社会主义劳动竞赛，保证完成和超额完成1956年农业生产计划；加强对工业、手工业和私营工商业的社会主义改造工作的领导；做好财经、政法、文卫等工作；加强党的组织建设和思想建设工作。大会按照党章规定，选举产生了中共德清县第一届委员会委员19人，候补委员3人，并选举产生了党的监察委员会8人和出席中共浙江省第二次代表大会代表。会议结束后，各地迅速掀起贯彻党代会精神的高潮。在农村，贯彻“勤俭办社”方针，加强对农业合作社的经营管理，社会主义劳动竞赛活动更加深入。同时，在群众中开展“增加生产，增加收入”的思想教育，改变耕作制度，夺取早稻丰收和做好连作晚稻的准备，挖掘多种经营生产潜力，争取全年粮食全面增产和增加农民经济收入；在工厂、企事业单位努力完成全年生产计划，提高生产效率发挥广大职工的积极性和创造性。

中共武康县第一次党的代表大会，于1956年6月10日至15日召开。出席这次党代会的正式代表122人，列席代表14人。大会听取《关于中共武康县委员会工作报告（草案）》，强调提出，今后要加强党的集体领导，加强党的建设，要求全县各级党组织学会走群众路线的工作方法，一切从实际出发，从群众中来到群众中去，与群众商量办事。大会在分析有利形势和存在问题的基础上确定了下一步工作任务和1956年奋斗目标。

中共德清县第一次代表大会和中共武康县第一次代表大会，是在基本完成社会主义改造、即将开启全面建设社会主义新时期的关键时刻召开的，具有十分重要的历史意义。大会不仅全面回顾总结了新中国成立以来的各项工作，深刻分析了存在的问题，提出了新形势下今后工作任务，同时也是充分发扬民主，加强地方党的代表大会制度建设的首次生动实践，对加速完成两县社会主义改造和社会主义建设任务具有决定性的意义，也为全面开展大规模社会主义建设奠定了坚实的思想、组织与领导基础。

第一个五年计划的成就

新中国成立初期，德清、武康两县的国民经济濒临崩溃的边缘，物价飞涨，灾荒严重，粮食不能自给，工业几乎空白，人民生活极其贫穷。经过国民经济三年恢复时期，特别是通过"一五"计划的实施，两县不仅由缺粮县变成余粮县，而且经济和社会各项事业逐步形成了全面发展的局面，社会主义建设事业开局顺利。

"一五"期间，两县县委和县人民政府在农村开展了农业合作化和农业增产运动，以增产粮食为重点，扩大水稻种植面积，改变耕作制度，积极发展蚕桑、畜牧、林业、渔业、茶叶生产。在水利建设上，根据"防洪防旱并重，平原山区兼顾"的治水方针，依靠互助合作化力量，实行民办公助、合理负担的政策，在山区由点到面建设山塘水库，在平原地区广修圩塘，修建涵闸，根治"蓑衣漏"等。"一五"期间，两县用于水利建设投资合计43.07万元，累计投工313.69万工，完成土石方339万立方米，开挖渠道1512处，修建山塘水库80余处，兴修水闸126处，建成防洪包围16处。特别是加固西险大塘，计完成加固土石方9.69万立方米，抛石、砌石2.62万立方米，投工19.85万工，投资20.45万元。同时，两县成功试办了国营抽水机站和第一座小型水电站——武康星火电站。至1957年底，两县抽水机增加到270台，计2793千瓦，可排灌农田27万亩。这些机械工程的建成，对防御水旱灾害、改变农村耕作制度、提高农业产量、巩固和促进农业合作化都发挥了重要作用。

农业生产条件的改善和水利建设的较快发展，提高了两县抗御自然灾害的能力，促进了农业生产的发展。1957年，两县粮食总产量8.97万吨，比1953年增加1.88万吨，增长26.52%；油料总产量2450吨，比

1953年增长32.94%；蚕茧总产量2725吨，比1953年增长8.61%；猪羊年终存栏数10.4万头，比1953年增加4.13万头；淡水鱼产量5250吨，比1953年增长16.02%。

在农业生产较快发展的同时，两县工业生产也得到发展。在国民经济恢复时期，两县人民政府接收了国民党政府留下来的工厂，并把它们转为国营企业。同时对一些私营企业和个体工厂加强领导，积极扶持，通过调整公私关系和劳资关系开展生产自救，使工业生产很快得到恢复和发展。1952年12月，两县以新市铁器联营处为试点，开展手工业社会主义改造。至1956年底，共成立手工业生产合作社20个，合作小组7个，社员805人。1953年，两县私营工业社会主义改造在裕纶丝厂进行试点，逐步由点到面全面铺开。到1956年底，两县共有18家工厂过渡到地方国营或公私合营企业。经过社会主义改造，工厂面貌焕然一新，广大职工生产积极性大大提高，两县县委和县人民政府因势利导，发动职工开展增产节约运动，充分发挥已有设备能力，提高原材料使用率、残料利用率，提高产品质量和劳动生产率，初步形成了具有地方特色的缫丝、食品、化学、造纸工业的生产格局。“一五”期间，两县依靠自己的力量，先后兴建或改建、扩建了德清印刷厂、德清电厂、顺丰丝厂、裕纶丝厂等10家骨干企业。1957年，两县工业总产值1907万元，比1952年增长117.69%；到1957年底，两县工业企业总数发展到104家，比1952年增加88家，其中全民所有制企业19家，集体（包括公私合营）85家。

工农业生产力的提升，促进了国民经济的发展，财政、金融、商贸等方面有了较大发展。“一五”期间，两县财政预算内收入2674万元，预算内支出710万元。基本建设投资总额339万元，其中生产性投资18万元，非生产性建设投资321万元，大部分用于文卫科研方面。另外，1957年，两县存款余额329万元，贷款670万元，其中工业贷款46万元，商业贷款219万元，农业贷款142万元，其他贷款263万元。工农业生产的恢复与发展带动了商业流通领域的发展。“一五”期间，社会商品零售额逐年上升，累计达到1.09亿元，其中，1957年比1952年增长40.59%。按销售产品分类统计，生活资料占82%，生产资料占18%。农副产品采购总值也逐年上升，1953年至1957年主要农产品累计采购量分别为粮食15.39万吨、油料6031吨、鲜茧1.09万吨、茶叶825吨、毛竹894万支、生猪5.54万头，有力地支援了国家工业化建设，保证了人民生活必需品的供应。

商业流通领域的发展让城乡人民的物质生活得到了进一步改善。“一五”期间，两县经济建设取得了可喜成就，社会安定，物价基本稳定，人民生活进一步改善。1956年，根据浙江省人民委员会关于工资改革的规定，在国有企业、公私合营企业和国家机关进行工资改革，使之比1952年增长22%。1952年，两县全部工业企业（不含手工业）在册职工1135人，全部人员工资总额44.32万元，平均每人每月32.5元，到1957年，全部工业企业（不含手工业）在册职工2019人，全部人员工资总额96.1万元，平均每人每月39.2元，增长22.6%。另外，两县的交通、邮电事业也有了发展，1952年，两县有木帆船78艘，客运量113.7万人千米，货运量255万吨/千米，到1957年，两县木帆船增加到114艘，货运量732万吨/千米，客运航线12条，客轮16艘，公路通车33.7千米。邮电通讯事业业务收入达到16.5万元，比1952年增加84.9%。电话交换机总容量与电话机总数由1952年的140门、106户，增加到1957年的315门、222户。

新中国成立初期，两县的教育事业十分落后。对此，两县县委、县人民政府高度重视。“一五”期间，两县认真贯彻中央提出的“整顿巩固，重点发展，提高质量，稳步前进”“加快发展，提高质量，全面规划，加强领导”等方针，对国民党遗留下来的破旧学校进行修缮、扩建和新建，使教育事业较快地得到恢复和发展，使两县教育事业得到迅速发展。到1957年，两县有普通中学3所，在校学生960名，教职员工35名，1953年至1957年期间累计招生3081名。有小学258所，在校学生1.84万名，教职工454名，累计招生7.91万名。有幼儿园11所，教职工

21名，在校幼儿650名，累计招生2637名。与此同时，两县大力开展城乡扫盲工作和工农业余教育，取得较大成绩。

“一五”期间，两县在文化艺术事业上认真贯彻“百花齐放，推陈出新”的文艺方针，振兴民间文艺，建立剧团，挖掘了一批民间文艺节目。到1957年，两县有书剧场2个，专业剧团1个，演员和曲艺人员66名。有文化馆（站）6个，电影放映队4个，有线广播站2个，线路长达500千米。期间，两县县委还分别创刊出版了《德清报》《武康报》，这对宣传贯彻党的总路线、推进各项改革、调动干部群众的积极性、促进各项事业的发展起了很大作用。

“一五”期间的卫生事业上也有了较快发展。1956年5月，两县分别改建德清县人民医院和武康县人民医院。到1957年底，两县共有医院等卫生事业机构70个，床位150张，医卫工作人员458人，其中卫生部门人员180人，工业及其他部门人员10人，集体所有卫生人员259人，个体开业卫生人员9人。

总之，在“一五”期间，德清、武康两县国民经济和社会事业得到较好较快发展，为后来的社会主义建设奠定了物质基础，在此期间积累的经验也值得后来借鉴。

新安江水库移民安置和支援宁夏建设

开发新安江水电站原是国家第二个五年计划的项目，但为了满足长江三角洲特别是上海工农业生产发展的电力需要，1956年6月20日，周恩来亲自批准将我国第一座装机容量为66.25万千瓦的大型水力发电站项目，提前列入国家第一个五年计划和1956年计划项目，立即上马，工期5年。新安江水电站的建设，淹没淳安县5个城镇，淹没耕地30余万亩，移民近30万人，其中部分移民迁至武康县。

1957年10月，淳安县在屏峰乡泗渡洲村、遂安县东亭乡湖口村组织移民786人远迁武康、兰溪两县。嘉兴专区也决定在武康开展新安江移民安置试点工作。为做好新安江水库移民安置工作，1957年10月，武康县人民委员会于当月召开专题会议，研究和讨论新安江移民安置工作。县委随即成立移民安置委员会，下设办公室，具体负责移民安置工作，同时选定秋山乡为移民安置试点乡。此次移民安置是根据土地多、劳力缺、生产潜力大的原则，正确贯彻“分散插社”的安置方针，并根据国家有关土地征用、移民经济补偿等政策进行分批安置。次年3月，秋山乡兴山、五龙农业生产合作社征用土地1.6万平方米，建设民房48幢，建筑面积5334平方米，总支出10.88万元，安置了淳安县屏峰乡舒溪农业社移民105户445人。移民中，有农业生产合作社干部7人，小队长7人，中共党员4人，共青团员10人。根据安置政策，接收国家土地补偿费44542.20元，耕牛29头，分别移交五龙、兴山生产队，作为移民安置投资资金。

在移民安置过程中，县移民安置领导小组对移民思想教育、农业生产、日常生活等方面都做了妥善安排。但是，移民安置工作不是一帆风顺的。移民大多来自淳安、建德等山区，对德清平原地区环境不适应，再加上风俗习惯、语言不同等原因，造成大批移民于1958年6月至9月间外流。至1960年6月，外流回淳安老家的移民共92户387人。大批移民返回淳安后，德清县（1958年6月，武康县并入德清县）人民委员会民政科干部曾两次前往淳安县移民委员会和淳安县民政科联系，请求协助动员移民重返德清，但收效甚微。至1985年，新安江水库建设移民尚有38户186人在德清定居。

新市支援宁夏人员修建宁夏路留念

在新安江水库建设移民安置工作完成之际，德清县还组织开展了支援宁夏建设工作。为了解决边疆和少数民族地区在社会主义建设中劳动力不足的困难，加速宁夏的社会主义建设事业，使之能够逐步地同内地一样地获得迅速发展，根据中共中央的统一部署，浙江在全面开展社会主义建设的同时，组织开展了支援宁夏社会主义建设的工作。1959年3月，德清县委根据中央、浙江省委和嘉兴地委关于动员青年支援宁夏地区社会主义建设的指示精神，发出《关于立即动员青年支援宁夏回族自治区社会主义建设的通知》。根据浙江省的统一部署，德清县成立动员青年支援宁夏地区社会主义建设委员会（以下简称支宁委员会），下设办公室。随后全县各公社也相应建立支宁委员会和办公室，并在各大队和生产队设立“支宁”小组。由于组织健全，分层领导，全县支宁工作顺利开展。1959年，按照自愿申请报名、党委批准的方法和步骤，全县选派支援宁夏青年653名，其中男青年496名，女青年157名。

1960年，浙江省继续开展青年支援宁夏地区社会主义建设工作。同年3月，根据嘉兴地委《关于1960年各县“支宁”任务分配的通知》，县委印发《中共德清县委关于开展一九六〇年“支宁”工作的意见》。根据《意见》要求，县委召开全县各公社、镇党委书记会议，并及时召开三次电话会议，动员全县先进青年踊跃报名加入支宁队伍。经过广泛宣传和思想发动工作，广大青年思想觉悟得到提高，对发扬共产主义协作精神、支援边疆建设的重大意义有了进一步认识，支宁情绪高涨。不少青年为了争取加入支宁队伍，还写了血书。有的青年为了实现支宁愿望，连续写了十多次申请。全县各地出现了夫妻双双报名、全家报名、兄弟争相报名、父母送子女、公婆送儿媳的生动事例。据不完全统计，当年全县报名支宁的青年达3万多人。最后，采取自愿申请、党委批准的办法，全县共征得支宁人员427名，其中男285名，女142名，完成嘉兴地委分配任务的98.76%。这次支宁人员中，有中共党员25名，共青团员59名。

在1959年和1960年支援宁夏地区社会主义建设活动中，德清县共动员支宁青年1080名赴宁夏落户，其中随迁家属87名。1960年11月，中央发出支援暂停几年的通知。省委按照中央精神，于11月15日下发《关于停止支宁工作的通知》，要求已去宁夏人员的在浙家属，除无劳力的、自愿迁宁者外，其余一概不办迁移事务；暂停支宁，返浙人员一律不再动员去宁夏，户口粮食关系由当地政府落实。随着中央调整政策方针的深入贯彻，支宁人员所在的农村工厂、部分工矿企业、大中型工程，纷纷下马，煤矿干部、工人精简，农村人民公社生产队要逐步收回支宁人员原来安置的土地、牲口、住房等，归还给当地农民。根据当时特定的历史条件，依据各人意愿，支宁人员的留走成了贯彻“八字方针”的内容，返籍成为支宁青年的主流。支宁的道路是曲折的，作用是值得肯定的。支宁、留宁、返籍是当时历史背景下讲政治、讲理想、讲信念的一种体现，德清支宁青年奉献青春，对推动宁夏地区的发展作出了积极的贡献。

新安江水库建设移民安置工作和支援宁夏建设工作是德清人民在特定时期、特定情况下支援国家建设的生动实践，为促进团结、互助、和谐的社会主义建设创造了条件。

德清、武康两县建制撤并

德清、武康原为一县，在唐时称武源县，后分治为武康和德清。1949年5月，德清、武康两县解放后，武康县隶属临安专署管辖，德清县隶属嘉兴专署管辖。1953年2月，临安专署撤销，武康县划归嘉兴专署领导。

德清、武康虽是邻县，但自然环境大不相同，德清人多地少，是平原水乡；武康人少面积大，属山区和丘陵地带。两县交通不便，民间往来不多，虽只有“三九”路程（即27里），但骑自行车却需四个多小时。为了适应当时工农业“生产大跃进”需要，紧缩机构，加强领导，1958年4月4日，浙江省人民委员会第二十五次会议决议撤销杭县、武康、宣平县的建制，并上报国务院审批。国务院1958年4月8日及4月11日议字第28号、政内齐字第23号批示，决定撤销杭县、武康、宣平三县建制。4月29日，浙江省人民委员会下达《关于撤销杭县、武康、宣平县

1958年，武康、德清两县合并时，有关人员在莫干山芦花荡公园合影

的通知》，“武康县所辖行政区域全部划并德清县管辖，县治设德清县城关镇。划并后，为便于工作和领导，将武康县原辖各乡划一个区，设区公所，作为德清县人民委员会的派出机构。”《通知》还明确规定：“德清、武康两县交接由嘉兴专署负责”，“应在充分做好干部、群众思想工作的基础上，于5月底前交接完毕。”

根据浙江省人民委员会的通知，遵照嘉兴地委和嘉兴专属的安排，两县县委、县人民委员会积极做好合并交接工作。在统一思想认识后，于1958年5月上旬在莫干山荫山街召开两县领导成员、乡镇党委（总支）书记、县级机关科局长等参加的县委扩大会议。会上，嘉兴地委领导宣布两县合并后德清县委领导成员名单。县人民委员会正副县长由县人代会依法选举产生。同时宣布在两县合并中有关干部变动及财产交接等纪律。1958年6月11日至14日，德清县第三届人民代表大会第一次会议在城关镇召开，选举产生了县长俞明进，副县长李文学、张洪恩、王惠珠、王永金及人民委员会委员20名，同时还选举产生了县人民法院院长和县人民检察院检察长。至此，武康县正式撤销并入德清县。两县划并后，为便于工作和领导，将武康县原辖各乡划为一个区，设立莫干山区公所，作为德清县人民委员会派出机关。

与此同时，德清县委根据嘉兴地委指示，对撤销武康县并入德清县涉及的机构设置和干部配备作出明确规定。县委领导班子成员由嘉兴地委决定；县人委领导班子成员由县委常委会提出人选并经县人民代表会议依法选举产生；县级各部、委、局、办机构设置及人选，由县委组织部提出方案，报县委和地委组织部审批。在实际操作时，县委要求必须掌握以下几条原则：一是两机构先合并为主；二是原武康县委撤销后，设立中共德清县莫干区委、区公所，作为德清县委、县人委的派出机关，管辖千秋、莫干等六个乡党总支部、乡政府；三是县委、县人委和各部、委、局、办的行政干部配备，原则上先合署办公，然后根据干部编制总量和实际工作需要，确定留任和分流，具体名单报经县委和地委组织部批准并按干部管理范围进行调配。经过近两个月的紧张工作，到

1958年8月底全部合并工作顺利结束。

撤销武康县建制后，关于县名问题当时曾引起过争议。有些干部群众提出“历史上曾有武德县的定名，在合并中能否定名为武德县”的意见。德清籍省政协委员许炳堃，曾写信给浙江省人民委员会秘书长，在信中陈述和建议改德清县为武德县。德清县委、县人委根据上述意见和建议，特向省人民委员会作《关于德清、武康两县合并后定名为武德县》的专题请示报告。省人民委员会接到专题报告后，于6月8日，向国务院报告：“关于我省撤销武康县建制将其所辖区域并入德清县问题，已经报请你院于今年4月批准。在两县实行合并时，有部分群众认为两县合并后的县名应当定名为武德县。据群众反映，历史上曾有过武德县的定名。我们认为可以采纳这一部分群众的意见，将合并后的县名定名为武德县。”国务院在收到浙江省人民委员会报告后即转中华人民共和国内务部办理。7月4日，内务部函告浙江省人民委员会：“关于德清县改名武德县问题。据报告仅系部分群众意见，为慎重起见，可否先由县广泛征求群众意见并在县人民委员会会议或人民代表大会讨论确定后再报请国务院核批。”但由于浙江省人民委员会在撤销武康县建制并入德清县的通知中对县名已经明确，因此，合并后仍称德清县，县名一直沿用至今。

撤并县建制是一件关系到经济发展与群众利益的大事，从德清、武康两县合并六十多年历史来看，撤销武康县并入德清县后，平原与山区优势互补，经济和社会都发生巨大变化。1958年11月，武康至德清公路竣工通车，彻底改变了两县“东舟西车”的格局，为两县合并后的同步发展奠定了基础。1994年，德清县首次迈入全国百强县。同年5月，德清县治由城关镇正式搬迁至武康镇。之后，依托临近杭州的天然优势，德清提出“开放带动，接轨沪杭”战略，朝着杭州都市经济圈现代化生态型中等城市的目标继续向前发展。2005年2月，省政府公布《环杭州湾地区城市群空间发展战略规划》，将德清纳入杭州大都市区。2020年6月，省委提出“探索将德清相关区块纳入（杭州城西科创大走廊）规划管理建设”和“扎实推进德清新一代人工智能创新发展试验区建设”的目标，德清正从浙北小镇渐渐成长为一个宜居宜业的“生态之城”，成为镶嵌在杭沪大都市经济圈中的“创业之城”。实践证明，国务院和省人民委员会撤销武康县并入德清县的决策是正确的，为德清的高速、高质量发展创造了重要条件。

开展大规模水利建设

新中国成立前，德清、武康两县水利工程设施不全，损坏严重，频频遭受水旱灾害侵袭。新中国成立后，两县面对频繁发生的灾害，大力发动群众抗灾救灾。随着农业合作化高潮的掀起，两县根据“防洪防旱并重，平原山区兼顾”的治水方针，依靠互助合作化力量，实行民办公助、合理负担的政策，在山区由点到面开展山塘水库建设，在平原地区广修圩塘，修建涵闸，根治“蓑衣漏”，并开始打坎并圩，建设包围。期间，两县成功建造国营抽水机站、防洪控制闸和第一座小型水电站——星火电站。至1957年底，两县抽水机增加到270台2793千瓦，可排灌农田27万亩。这些工程和机械对防御水旱灾害、改变农耕制度、提高农业产量、巩固和促进农业合作化发挥了重要作用。

湘溪、东苕溪水利大会战

1958年6月，德清、武康两县合并。德清县委根据浙江省委和浙江省人民委员会“大量发展山塘水库，逐步消灭一般干旱”的指示，贯彻以“小型为主，以蓄为主，社办为主”的水利建设方针，在“书记动手，加强领导，大办水利”的思想指导下，全县集中人力、物力、财力展开了水利建设，连续几年出现兴修水利高潮，规模之大、投工之多是史无前例的。

1958年，全县两大骨干工程东苕溪治理工程——对河口水库和东苕溪导流港第一期工程相继动工。为加强对这两项工程工作的领导，对河口水库工程指挥部和导流工程指挥部相继建立，下设秘书、工程、器材、组织、宣传和工具改革等六科及三个指挥所。同年7月1日，对河口水库举行开工典礼，并进行全面施工。在建造对河口水库的同时，县委从机关抽调53名干部，调集300名民工，开挖东苕溪导流港第一期工程。紧接着，县委又从12个公社中调集民工8000余人，助推导流港工程全线开工。1959年1月，在嘉兴地委的帮助下，海宁县调集2000余民工组成海宁支援团，帮助德清开挖导流港工程。

两大骨干工程施工期间，德清县委和县人委坚持把思想政治工作贯穿始终，及时排除脱离实际的急躁冒进和浮夸风的干扰，克服了技术力量单薄、施工机具简陋、筑坝土料不足等重重困难，始终坚持自力更生、勤俭节约的原则，土法上马，就地取材，大力开展技术革新、增产节约、劳动竞赛等活动，实行定额管理、投资包干等有效措施，工程技术人员恪尽职守，广大干部群众艰苦奋斗，先后创制、仿制、改革了卷扬机、独轮车、毛竹运土滑道等新工具120余种，加速了工程进度。到1964年，除电站和泄洪渠工程外，一座坝高33米（坝顶高程58米）、库容1.16亿立方米的大型水库——对河口水库建成。水库建设共开挖填筑土方141.28万立方米，石方7.93万立方米，混凝土0.48万立方米，投工245.55万工日，国家投资457.42万元。水库建成后，直接灌溉保护农田10万亩，间接保护农田32万亩。

1956年6月，全县最大综合利用配套工程水电——对河口水电站建成并网送电，年发电量达到560万千瓦时，年利用4456小时。县境段东苕溪导流港于1960年12月竣工，共完成土方197.46万立方米，石方1.6万立方米，砌石0.56万立方米，投工118.47万工日，国家投资189.62万元。同时，东苕溪导流港配套水利建筑德清大闸、洛舍大闸、德清大桥也相继建成。该工程完成后，在防洪、灌溉、通航方面发挥了综合作用，不但减少了杭嘉湖平原的洪涝灾害，而且遇旱还可引太湖之水灌溉农田。

期间，除上述两大骨干水利建设外，县内还新建或续建了各类山塘水库，到1965年底，全县共建成各类山塘水库400多座，其中小（一）型水库2座，小（二）型水库15座。湘溪、城西、狮山、洋口等包围翻水站和堤塘、堰坝等都相继建成，农田抗灾能力有了大大提高。全县的机械排灌经兴建、补点、增容、调整配套几个阶段后，初步实现了电力化，共有抽水机282台，马力3390匹，排灌面积达27.60万亩，其中电灌25.60万亩。这些水利设施的建成，实现了排灌机电力化，在防洪、排涝中取得了显著效果，同时还为以后的水利建设积累了经验，打下了基础。

大规模水利设施的兴建，是建国初期县内“一穷二白”的农田水利设施难以抵抗自然灾害、严重影响农业生产的特殊形势下的举措为农业生产的进一步发展创造了必要的条件。尤其难能可贵的是，在严重困难面前，两县人民在县委和县人民委员会的领导下，发挥积极性和创造性，团结一致，艰苦奋斗，为建设社会主义进行了不懈的努力，为全县工农业发展和经济发展提供了条件。

贯彻“八字方针” 初步调整工商业政策

由于“大跃进”、人民公社化运动和“反右倾”斗争中出现的错误，加上苏联1958年开始背信弃义、撕毁合同、撤走专家、废除科技合作项目以及从1959年起中国连续几年遭受大面积自然灾害等因素，从1960年起，我国的经济出现严重困难，德清也不例外。

严重的经济困难，向全党提出了如何克服困难、恢复国民经济和如何探索新的道路发展国民经济的新课题。1960年8月，中共中央连续发出指示，决定在保粮、保钢的前提下，压缩基本建设规模，加强农业战线。周恩来等在8月下旬主持研究1961年国民经济计划控制数字时，提出对国民经济实行“调整、巩固、充实、提高”的八字方针。党中央于1961年1月14日至18日举行的八届九中全会上通过了这个方针，表明国民经济建设由“大跃进”转入调整阶段。

德清县委结合德清实际，采取措施，在着手对农业进行调整工作的同时，对工业、手工业、商业等各个行业进行了一系列的调整。鉴于“大跃进”造成的国民经济各部门比例的严重失调，企业生产经营秩序的严重混乱，以及由此带来的严重经济困难，德清县委根据“缩短战线、集中力量、保证重点”的精神和德清工业战线的实际状况，采取措施全面进行调整，缩短工业战线，果断地进行裁、并、转、撤处理。1961年，县委停办了“大跃进”时期办起来的钢铁厂、小煤窑、炼焦厂等。1962年，县委又进一步采取关、停、并、转的措施，大规模调整国营工业企业，将“大跃进”时并入或转为国营工业的手工业划出来，恢复集体手工社（组）。经过调整，全县国营工业企业由1960年的44家，调减为14家。社镇工业企业207家，职工1.56万人，经调整，绝大部分企业

“下马”，仅保留为农业生产服务的铁、木、竹、农产品加工及砖瓦、石灰等工厂66家，职工3848人。与此同时，按照农业、轻工业、重工业的先后发展顺序，工业结构由以钢为纲、着重发展重工业调整为以发展轻工业和手工业为主。通过压缩冶炼、采矿、有色金属等重工业，大力恢复和发展农机制造、生活用品等轻工业，使重工业产值比重由占全部工业总产值的22%下降到6%。工业服务方向从为大工业服务转向为农业和市场服务。大多数企业调整产品结构，从盲目发展冶炼、制造业转向生产适销对路的农机产品和日用消费品，并因地制宜努力发展地方特色产业，大大缓解了市场供应紧张状况。经过调整，县内困难局面开始扭转，工业生产开始出现回升，国民经济有了良好的发展势头，工业战线出现新的生机。

在“大跃进”和人民公社化时期，农民集体所有制的供销合作社被并入国营商业，成为国营商业的基层单位，同时合作商店（小组）个体商贩被并入供销部，纳入国营商业系统，农村集市贸易被全面取缔，形成国有商业独家经营的局面。由此造成了商业网点急剧减少、商品紧缺、农副产品销售不畅等不良后果，严重影响人民群众生活。1961年9月，县委、县人委根据嘉兴地委召开的全区财贸工作会议精神，遵循有利于生产、有利于市场繁荣、有利于经营、有利于调动积极性的原则，在广泛征求各方意见的基础上，对全县商业体制进行调整。一方面在恢复建立县供销合作社的基础上，以行政区域建立23个公社供销合作社。另一方面，国营商业恢复专业商业商店，扩大商业网点。新成立百货、棉布、副食品、五金、石油、医药、饮食等7种专业商店，由县商业局直接归口管理，除经营一般商品外，还负责经营其他商业无力经营和事关全局的大宗商品，发挥国营商业的主渠道作用。与此同时，将并入国营商业的合作商店、小商小贩重新划出。至1961年底，全县将1958年并入县国营商业的396家合作商店、1244个合作小组、2454名从业人员、1975名小商小贩重新划出，恢复为100个合作商店、51个合作小组。经过调整，形成了城镇以国营商业为主导、乡镇以供销合作社为骨干、农村集市以个体商贩为主角的商业流通网络。新的商业流通网络形成，大大改善了城乡市场供应，人民生活必需品价格得到稳定，集市贸易日益活跃，城乡物资交流不断扩大。

与此同时，县委还对财政体制进行了调整。财政体制调整主要是在管理方面。1961年3月，县委、县人委根据嘉兴地委“关于进一步压缩购买力”的指示精神，作出《关于进一步压缩集团购买力的决定》。《决定》要求所有机关事业单位和人民公社一律停止非生产性购置；企业单位除企业主管部门会同财政部门严格审批控制以外，企业单位要自行核减有关支出；各机关、团体、部队、学校、事业单位在1961年内一律不得购买桌椅、自行车、扩音机、打字机以及其他非生产性设备用品。除了企业生产中必需的布匹外，一律不要购买公用布。同时，要求企业单位向行政单位看齐，进一步降低企业生产成本。财政部门应根据党的政策积极组织收入，严格控制支出，凡按规定应交国家的税收利润、折旧基金、固定资产变卖收入，以及其他应上交的财政收入都必须按照规定上交国库，任何单位和个人不得截留挪用和拖延不交。社会集团购买力的压缩，对确保全县在困难时期的财政收支起到了积极作用。

党中央确定的以调整为中心的“八字方针”，停止了“左”倾冒进的经济方针，标志着这个阶段党的指导方针发生了重要转变。这一重要转变，促使中国国民经济进入循序渐进的正常轨道。德清和全国一样，在贯彻中央“八字方针”中，通过对全县工业、商业和财政的调整，妥善解决了在“大跃进”中造成的许多矛盾，取得了政治平稳、经济复苏的良好局面。

城乡社会主义教育运动的开展

1962年9月24日至27日，中共八届十中全会召开。全会在肯定全国经济形势开始好转，全党进一步贯彻“八字方针”，在继续调整国民经济的同时，着重强调了阶级斗争问题。会后，中共中央决定在城乡发动一次普遍的社会主义教育运动。

10月5日至6日，德清县委召开常委会，学习讨论八届十中全会精神，并对会后全县如何贯彻八届十中全会精神和开展社会主义教育活动做了部署。11月6日至10日，县委根据嘉兴地委召开的全区县委书记扩大会议精神，召开全县三级干部大会，决定在全县范围内开展一次以秋收冬种、搞好秋收分配、安排好群众生活为中心的社会主义教育运动。

中共八届十中全会结束后，部分地区在开展社会主义教育中初步摸索出一些经验。河北省保定县的“四清”（即清理账目、清理仓库、清理财务、清理工分）做法，得到中央的肯定。1963年2月，中央在北京召开工作会议，决定以抓阶段斗争为中心，在农村开展以“四清”为主要内容的社会主义教育运动（简称社教运动），在城市开展“五反”运动。

根据中央及浙江省委和嘉兴地委有关文件精神，德清县委于1963年中央工作会议后，开展了城乡社会主义教育运动，到1966年“文化大革命”开始止，前后历时三年多。

农村进行社会主义教育运动一开始并没有明确的方针、政策和步骤，省委和嘉兴地委的指示也只提出要先定出计划、培训干部、搞试点，经过试点，有领导有步骤地分期分批进行，争取在二三年内把这场运动搞好。根据省委和嘉兴地委的指示精神，德清县委于1962年11月召开全县公社书记会议，学习贯彻八届十中全会精神和《农村人民公社条例》。同时决定从1962年冬起在全县农村开展一次社会主义教育运动，重点放在改造落后队。随后，县委抽调机关干部和公社干部90余人，组成社教工作队分赴26个试点单位进行指导。到1963年春节，社教工作暂告一段落。从整个试点单位社教情况来看，社教工作队通过宣传贯彻上级有关文件，对党员、干部、社员进行社会主义教育，进一步贯彻了党的政策，整顿了各种组织，选举产生大队管理委员会，改选了党、团组织。并且围绕备耕工作，抓了冬季生产和劳动规划，改善了经营管理制度。试点工作结束后，县委于3月13日至18日召开全县改造落后队工作会议，总结试点单位的经验与不足，并分析了全县各大队情况。据统计，全县存在上述问题的大队有42个，占大队总数15.2%，为此，县委决定在1963年先改造25个大队，并组织105名干部，分头到25个大队进行面上社会主义教育工作。1963年3月10日，浙江省委下发《关于进一步开展社会主义教育活动的部署的通知》。3月下旬，县委召开县、公社社教干部会议，传达省委《通知》精神，并对面上社会主义教育运动做了新的部署。5月，县委又召开社教工作干部会议，总结前一阶段开展社教试点情况。

1963年5月和11月，中央出台《关于目前农村工作中若干问题的决定（草案）》(共有十条，简称“前十条”）和《关于农村社会主义教育运动中一些具体政策的规定（草案）》(简称“后十条”，与“前十条”合称“双十条”)，作为开展农村社会主义制度教育运动的纲领性文件。“前十条”对国内政治形势作了过分严重的估计，把“党变修、国变色、全国发生反革命复辟”看成是已经面临的现实危险，认为社教运动是一场“重新教育人的斗争”，必须“重新组织革命的阶级队伍，向着正在对我们猖狂进攻的资本主义和封建主义作尖锐的针锋相对的斗争，把他们的反革命气焰压下去”，并“把这些势力中的绝大多数人改造成为新人的伟大的运动”。“后十条”则规定要团结95%以上的干部和群众，要依靠基层组织和基层干部，以及对一些极端过火行为加以约束的具体政策，强调运动要同生产紧密结合。12月，德清县委召开三级干部大会，认真学习“双十条”，培训社教干部780余名。会后，社教干部分别到全县各镇、公社全面开展“双十条”的宣传，有步骤地由点到面向广大群众宣讲，广泛发动群众，进一步推进社教运动。到1964年1月10日，全县农村有10.8万余人受到一次教育，占成年人80%，基本上达到家喻户晓。通过学习进一步调动了各级干部领导生产和搞好工作的积极性，对党的“说服教育、洗手洗澡、轻装上阵、团结对敌”的方针有了比较正确的认识，认识到这次运动不是“换班子、整干部，而是换思想、救干部”，解除了不少干部的思想疑虑。1964年1月，县委根据“双十条”规定，决定在千秋、秋山两个公社作试点，抽调经过培训的干部124人和5名县委常委组成社教试点工作队，进驻2个试点社。在千秋、秋山两公社试点中从思想上、政治上、组织上对党的基层组织进行一次比较全面的整顿，解决了许多长期以来没有解决的问题。到5月上旬，千秋、秋山两公社的“四清”试点工作基本结束。根据试点经验，县委制定了《关于德清县社会主义教育运动的初步规划》，计划对全县26个公社分批进行面上的社会主义教育运动。

在农村开展社教的同时，城镇社会主义教育也开展起来。1963年4月，德清县委认真学习和研究中央《关于开展增产节约和“五反”运动》《关于继续抓紧进行“五反”运动》和浙江省委、嘉兴地委《关于“五反”运动情况和今后部署》的指示，统一了思想认识。为又快又好地完成“五反”任务，县委建立“五反”和生产（工作）领导小组，下设“五反”办公室。镇委和各部门、单位也相继成立领导生产（工作）小组。同时抽调40名干部建立“五反”专业队伍，在试点和运动中集中进行训练。到1965年3月，全县“五反”运动基本结束。

其间，根据“说服教育，洗手洗澡，轻装上阵，团结对敌”方针，把坦白检举和专案调查与“三清三查”结合起来，把小组说理斗争、分析批判和个别谈话结合起来，实行“三定三允许”，核实定案。对运动中揭露出来的问题认真整改，订出整改方案，逐步解决。

1964年10月，县委根据中央发布的“后十条”修正草案，县级机关继续开展“五反”，并且将城镇机关的“五反”运动纳入社会主义教育运动，统称为社教运动。

1964年12月至1965年1月，中共中央召开工作会议，制定《农村社会主义教育运动中目前提出的一些问题》（简称“二十三条”）。“二十三条”公布后，县委于1965年1月27日召开全县三级干部会议，组织学习贯彻，使到会干部认清形势，提高认识，放下包袱，安定人心。认为过去搞“四清”就是整干部，不愿当干部，怕斗争、怕处分、怕法办、怕戴打击报复帽子、怕今后工作难做的思想基本得到了解决。根据“二十三条”精神，把社会主义教育运动由原来的清账目、清仓库、清财物、清工分的“小四清”改为清政治、清经济、清组织、清思想的“大四清”。1965年2月，县委召开全县三级干部会议，部署了面上开展以“大四清”为主要内容的社会主义教育运动，同时提出以“二十三条”为武器，以生产为中心，学习大寨精神，制订增产计划，搞好备耕生产，把是否增产作为衡量这次社教运动是否做好的六条标准之一。从1966年初开始，县委根据《人民日报》发表的通讯《县委书记的榜样——焦裕禄》和社论《向毛泽东同志的好学生——焦裕禄同志学习》，把社教运动的重点放在正面教育上。

历时三年多的城乡社会主义教育运动是德清县委响应党中央号召而在全县开展的一场大规模群众运动，而且把这场运动列为县委整个工作的重中之重，集中了主要精力和人力。县级机关、企事业单位通过“五反”运动，克服了故步自封、骄傲自满思想，干部职工的政治水平和阶级觉悟有了很大提高，工作也有了新起色，歪风邪气也初步煞住。此次运动对克服党内和干部队伍中的腐败现象和脱离群众现象、改善干群关系、安定社会秩序等方面起到了一定的作用。特别是广大社教工作队队员发扬了密切联系群众，艰苦朴素的作风，自带铺盖，和贫下中农同吃同住同劳动，在生活上打成一片。一些工作队员帮助房东挑水、扫地、做家务，不怕寒冬酷暑，不分重活脏活，坚持劳动，这从客观上发扬了党的密切联系群众的优良传统作风。因而全县城乡社会主义教育运动对改进干部作风、提振群众精神、促进生产发展也有着积极意义。

20世纪60年代的战备工作

20世纪60年代，正当全国人民在党和政府领导下，发扬自力更生、艰苦奋斗，努力克服国民经济暂时困难的时候，却出现一些不安定情况。在国际上，苏联领导人对中国施加种种压力，并支持印度政府自中印边界东、西两段向中国发动大规模武装进攻，中国边防部队被迫进行自卫还击，捍卫祖国领土安全。在国际上出现反华的同时，美国支持下的台湾蒋介石集团趁机叫嚣“反攻大陆”，频繁地派遣武装人员窜扰浙江、福建沿海，空降特务到内地进行破坏。大陆上尚未肃清、暗藏的国民党特务间谍分子、反动道会门和少数坚决与人民为敌的地富反坏分子也趁机活动，进行破坏。面对复杂的国际、国内局势，中共中央采取了系列措施，加强战备，保卫祖国的统一与安全，实行“全民皆兵”，随时准备击退一切敌对势力的破坏和入侵。民兵作为中国人民解放军的有力助手和后备力量，肩负着对外抵御侵略、对内实行人民民主专政和服务地方生产建设的重要职责。

为应对蒋介石叫嚣“反攻大陆”造成的紧张局势，德清县委遵照上级关于紧急战备的指示精神，于1962年6月30日，召开德清县战备部署情况会议。会议要求各级党委必须加强对基层组织的领导，加强武装力量的组建，加强对重点地区的控制，严厉打击反革命分子的破坏活动，妥善处理各种治安问题，加紧民兵组织整顿，支援前线，巩固后方安全。县委根据各单位所处的地理位置和所担负的战备任务，将全县区域划分为重点战备和一般战备两类。其中，莫干、千秋（武康）、城关、新市、筏头等八个社镇先后各组建一支由150人组成的武装基干民兵连；三桥、上柏、三合等三个公社先后组建一支由60人组成的武装基干民兵

1966年3月20日，裕纶丝厂民兵训练班合影

加强排。随后，相续为民兵组织配备武器装备。此外，在德清西部山区黄回山、莫干山、和睦桥、山民、对河口水库相继建立民兵对空监视哨。新市、城关两镇建立城镇防空领导小组，规定防空讯号，划定空袭疏散地带，组织对空射击点，并加强对机关、重要厂矿、学校以及国家、社、队集体所有的粮、油、百货等重要物资仓库的保卫工作，尤其是对易燃易爆物品的仓库加强保卫。

根据毛泽东提出的“民兵工作要做到政治落实、组织落实、军事落实”的指示精神，1962年11月13日，德清县委批转了县人武部党委《关于贯彻执行毛泽东民兵工作“三落实”的指示报告》。《报告》回顾了自战备以来，全县党团员和民兵干部大都受到三至五次战备教育，开展了控诉敌对分子运动。县委党校还开展人民战争思想教育主教练班，受教育达3000多人次。此外，利用各种节日或干部大会组织报告宣传，城镇还利用书场、戏院、茶铺、街道等活动场所和图片、幻灯、读报、座谈、展览等宣传形式，开展了形象化的战备宣传教育活动。

通过战备教育，提高了各级党组织和广大干部对毛泽东人民战争思想和民兵战略地位的认识，加强了对民兵工作的领导，激发了全县广大民兵的民族感情，增强了阶级观念和国防观念，鼓舞了革命斗志，较好地推动了生产建设和民兵工作。全县265个大队的民兵组织均配齐干部，配备武器，建立制度，开展训练和各项活动。

但是在当时，德清一部分基层对武装建设的重要性认识不足，存在着不同程度的和平麻痹思想。为进一步认真贯彻执行毛泽东对民兵工作“三落实”的指示，解决武装建设中存在的主要问题，县委提出了组织落实、政治落实、军事落实的措施。政治落实，就是要把民兵政治思想工作搞好，使民兵有高度的阶级觉悟和极强的组织纪律观念，对祖国无限忠诚，对敌人无比仇恨，随时有参军作战的思想准备。同时要积极地进行党的方针、政策、决议、时事形势和民兵地位作用的教育，树立常备不懈的战备观念。组织落实，就是要把民兵班、排、连组织搞得扎扎实实，做到有组织、有干部、有制度、有活动。军事落实，就是要使基干民兵具有一定的军事技能和军事知识，练就一套对敌斗争的本领，本着少而精的原则，利用各种时机，积极主动地开展民兵训练。

加强战备工作，保卫国民经济的恢复和发展，维护了社会安定和人民生命财产的安全，同时也极大地激发了全县人民的爱国主义热情，推动了各项建设事业的恢复和发展。

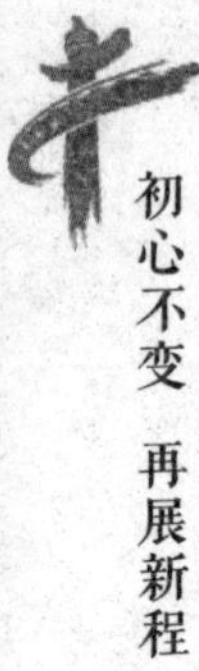

农业学大寨运动

在20世纪50年代末到60年代初的三年暂时经济困难时期，中国人民面对着极为严峻的考验，也展开了一场同自然和物质匮乏的斗争。其中大寨人自力更生、艰苦奋斗和林县人民开凿红旗渠的壮举，是杰出的代表。党和政府极为重视大寨人艰苦奋斗的事迹，毛泽东在听取山西省委的介绍时，赞赏和肯定了大寨人的艰苦奋斗精神。农业部专门派出调查组到大寨作全面考察，并在调查报告中肯定了“大寨是全国农业战线的一面红旗”。1964年，周恩来在三届全国人大一次会议的政府工作报告中，发出了“工业学大庆，农业学大寨，全国学人民解放军”的号召[①]，并把大寨精神概括为：“政治挂帅、思想领先的原则，自力更生、艰苦奋斗的精神，爱国家、爱集体的共产主义风格。”自此，农业学大寨运动在全国开展起来。

1964年，德清县委响应党中央和毛主席号召，组织开展“农业学大寨”，学习大寨人自力更生、艰苦奋斗、勤奋创业的精神，学习大寨干部以身作则、坚持集体劳动的好作风。“文化大革命”开始后，农业学大寨运动被纳入“文化大革命”的轨道，把学大寨精神、走大寨之路作为一项政治任务。全县各地都举办以学大寨为主题的毛泽东思想学习班，强调以大批判开路，批判“三自一包”“工分挂帅”“物质刺激”，全面推行大寨式劳动管理制度。同时，推行“并队升级”，改变了“三级所有、队为基础”的基本管理体制。1971年1月12日，德清与建德、绍兴、义乌四县县委联合向全省发出了狠抓思想和政治路线教育，进一步开展农业

①中共中央党史研究室著，《中国共产党历史》（第二卷），中共党出版社2011年版，第695页。

学大寨群众运动的联合倡议，得到了全省各县响应，德清成为全省农业学大寨先进典型县。

1971年9月，德清作为全省农业学大寨联合倡议发起县，努力排除“左”的干扰，坚持发扬大寨人自力更生、艰苦奋斗精神，在学大寨运动中发动全县广大农民，搞好农田水利基本建设这项基础工程。到1973年，全县农田水利建设共投入808万工，完成土石方1171万方，旱涝保收农田面积扩大到23.8万亩。新建和扩建山塘水库87座，增加蓄水量186万方，扩大受益面积2.1万亩。开凿盘山渠道76千米，劈山改溪建造大寨田2386亩。建造小型水力发电站16座，发电量1062千瓦。与此同时，利用冬春农闲时季，县委组织全县8000多民工，冒风雪，战严寒，对全县最大水利工程对河口水库进行改造。整个改造工程中，劈开了二座山岭，穿过了三条溪，开挖了70千米盘山干渠，使西部山区5万多亩水田能够利用对河口水库自流灌溉，提高了抗旱能力。在东部水乡，钟管、禹越、勾里等14个公社针对“馒头桑，箱子田，能灌不能降，机械用不上”的现状，平整土地9.4万亩，开挖排灌渠道1123千米，河塘砌石60千米，建造排灌机埠800座，机耕面积达到23万亩，占耕田总面积的76%。

全县人民通过学习、发扬大寨自力更生、艰苦奋斗精神，改善了生产条件，促进了粮食持续高产，实现了多种作物全面丰收。1971年到1973年，全县农业连续三年获得丰收。1973年，全县粮食亩产达到667.5公斤，总产20.32万吨，创历史最高水平。在粮食增产的同时，林、牧、副、渔多种经营条件也得到了改善，产量也有较大增长。三年多时间里，全县改造老桑园7000亩，发展新桑园3000亩。1973年，全县蚕茧达到5000吨。全县共办集体牧场2195个，平均每年提供商品猪、羊13万头。全县造林面积2万多亩，四旁绿化植树967万株，新发展毛竹林6000亩，毛竹蓄积量达到1860万支，比1970年增长20%。1973年，茶叶产量366.2吨，比1970年增长60%。淡水鱼、鳗苗、蟹苗、河蚌育珠以及饲养水貂等养殖业也有较大发展。同时，为保证农业学大寨深入开展，促进农村生产力的发展，全县各公社开始重视发展社队企业，以壮大集体经济。

1974年，农业部举办全国农业学大寨展览馆，浙江省委推荐德清县为全国农业学大寨展览馆展出单位，展题为“鱼米之乡展新容”。德清县在本次全国农业学大寨展览馆中，共展出照片19幅、图表2张、灯光图板一块、幻灯电影36个镜头，较全面地反映德清县在农业学大寨运动中“以粮为纲，全面发展”的精神风貌。1975年9月，全国农业学大寨会议召开。在这次大会上，德清县被命名为全国农业学大寨先进县，县委书记董梦彩赴京参加大会，并在会上作《苦战三年、实现大寨县》的发言。会议结束后，县委立即召开县委常委会议，传达全国农业学大寨会议精神，分析德清形势，制订了《全党动员，苦战三年，建成大寨县——1976年至1978年农业学大寨规划（草案）》，深入有序地开展“学大寨、赶昔阳，普及大寨县”的群众运动。同年11月，浙江省委、嘉兴地委、德清县委先后抽调2958名（其中，浙江省委派来2675名，嘉兴地委派来41名，德清县委抽调242名）干部组成学大寨工作队，分赴城关、千秋、洛舍、上柏、雷甸、三桥、三合、二都8个公社和城关镇的86个大队（街道），指导帮助开展农业学大寨活动，全县再次掀起规模空前的农业学大寨运动新高潮。直到1976年10月，工作队才结束工作，返回原岗位。

在农业学大寨运动中，全县广大农村基层干部和群众以大寨人为榜样，开展了兴修水利、平整土地、大搞农田基本建设等工作，改善了农业基础设施，促进了农业生产发展。同时，涌现了许多先进人物和优秀事迹。

十年社会主义建设的基本成就

从1956年贯彻党的八大路线至1966年初的十年间，德清人民在党的领导下基本完成了对农业、手工业和资本主义工商业的社会主义改造，并开展了社会主义建设事业，各项事业取得很大成就，全县的政治、经济、社会面貌发生了重大变化。1957年，县委根据毛泽东关于正确处理人民内部矛盾的重要理论，正确处理了合作化后的群众闹事，使全县很快实现了社会稳定，经济工作也取得了很好的效果。1958年，党的八大二次会议前后，德清人民在生产建设中发挥了高度的社会主义积极性。1960年冬，党中央提出调整国民经济“八字方针”，县委、县人委坚持“八字方针”，加强农业第一线，强调社会主义教育运动要以生产为中心，以经济工作的成绩作为衡量运动搞得好坏的重要标准之一，使全县经济建设和其他各项社会事业均取得显著成绩。到1965年，全县工农业总产值1.12亿元，比“一五”期末的1957年的0.84亿元增长33.33%。粮食、畜牧提前实现《全国农业发展纲要》规定的指标；蚕茧总产量3366吨，增长23.52%，并获全国蚕桑先进县；财政预算内收入919万元，增长37.16%；全县基本建设固定资产投资148万元，比“一五”期末增长2.64倍。十年大规模社会主义建设，虽经历挫折，但仍取得很大成就。

农田水利建设成效显著。十年社会主义建设中，德清、武康两县根据浙江省人民委员会“关于大力发展山塘水库，逐步消灭一般干旱”的指示，积极贯彻“小型为主，以蓄为主，社办为主”的水利建设方针，集中人力、物力、财力，掀起兴修水利的高潮。相继完成了对河口水库和东苕溪导流港两大水利工程。此外，全县还先后建成各类山塘水库

400余座，以及湘溪、城西、狮山、洋口等包围翻水站和堤塘、堰坝。上述水利工程的建成，大大改善了防洪排涝和抗旱条件，扩大了保收田面积，推广了农田机电排灌，基本上实现了农田灌溉机械化，确保农业生产丰收。

电力电网建设发展迅速。1961年初，为发展全县工农业生产，架设塘栖至武林头10千伏输电线路3千米，以引用杭州电厂电源。后又架设10千伏线路15千米，延伸到城关、干山、二都等地。同年3月，德清县成立电力建设委员会，并从机关抽调干部43名（其中科局长5名），下设办公室，专管电力建设。随后，县水利局改称水利电力局。同年秋，开工架设良渚至德清35千伏输电线路19.1千米，并建成德清变电所，设主变容量1000千伏安变压器1台，后又增设1800千伏安变压器1台。1962年7月，又架设石门至新市35千伏输电线路16.45千米。同时建成新市变电所，主变容量为1000千伏安，并把德清变电所主变增容至3600千伏安。1963年，又架设半山至德清3.5万千伏输电线路24.8千米，同时扩建德清、新市变电所，德清变电所2台主变增容为7400千伏安，新市变电所改为一台1800千伏安。期间，架设380伏低压线路19.3千米，使农副产品加工和照明都用上了新安江电源。到1963年底，全县共架设农用10千伏输电线路261千米，低压线路78.4千米，基本上满足了全县工农业生产及照明用电的需要，全县30多万亩农田基本上实现电力排灌。

交通事业逐步发展。在1958年之前，德清县大量客流物流靠水运为主，县内主要航道有德清至杭州（湖州）、德清至新市（下舍）、德清至徐家庄、德清至干山（戈亭、钟管）、洛舍至杭州等客轮航班。1958年4月，德清、武康两县合并后，除德清县城以东继续保持水运外，开始重点发展公路运输。1958年6月22日，德清县委、县人委从全县各公社调集5000余名民工兴建德清至武康公路，全长12.3千米，路基宽4.5米，路面宽3米。同年11月6日由浙江省公路运输局湖州运输段试车，12月25日竣工通客车。接着，武康至莫干山公路动工建设，全长34千米，工程分武康至对河口、对河口至莫干山二段进行。1958年春，武康县委、县人委（当时两县尚未合并）为支援对河口水库建设和发展山区经济，决定建设武康至对河口公路，总投资3.9万元，其中群众自筹资金2.19万元，于1958年4月动工，投工22.19万工；5月竣工，路基宽6.5米，路面宽4.5米。同年7月，德清县工交局请省公路运输局湖州运输段试车。1958年冬，县工交局对河口至莫干山段部分桥梁进行施工。1963年10月，浙江省计委下达设计任务后，由省交通厅工程局设计室对筏头合溪口至莫干山18.94千米路面按六级乙技术标准测量，省交通厅第二工程队于1964年3月1日施工，至1965年12月25日竣工验收，国家投资98.24万元。1965年9月，浙江省供销社投资16万元，省交通厅从养路费中拨款7.1万元，对武康至烂树坑段路面进行拓宽改造，1966年4月20日，武康至莫干山地段全线竣工通车。1963年8月，省委决定将原吴兴县南路人民公社划归德清县莫干山区管辖。1964年9月，新建庾村至后洪（南路公社所在地）公路，全长7.23千米，第二年7月竣工。至此，德清县城以西的每个公社都通了公路。

武德公路通车典礼

电信事业发展较快。1957年上半年，两县实现乡乡通电话。同年5月，原70门市话磁面交换机扩容为100门。1958年，市话交换机手摇振铃改为自动振铃，减轻了话务员劳动强度。1959年，市话交换机扩容为300门，安装电话用户139户，电话杆路为6.6千米，明线为29线对千米，电缆为0.9皮长千米。1960年，市内电话机增加到156部，农村杆线总长度278千米，农用交换机总容量875门，农村电话机发展到537部。1961年，又新架设德清至秋山、德清至三合、下舍至新市、新市至高桥4条农话中继线，安装三合、秋山、高桥公社邮电所20门3台农话交换机。1963年2月15日，两县贯彻国务院批转邮电部《关于调整农村电话管理体制的报告》，划清了农村电话的全民、集体两种所有制经济。全县25个邮电分支机构中，雷甸、钟管、干山、二都、禹越、高桥、筏头、高林、士林、新联、三合、秋山、龙山、勾里、戈亭、对河口、梅林17个公社属社办电话交换所，其中有6个代办长途电话、电报和邮政业务，兼办公社以下农村信报投递工作。吴兴县南路公社划归德清县管辖后，新架设庾村至南路公社农话中继线1条，开通德清至湖州无线电报电路。1964年，新架设德清至武康电话水泥杆线12千米。到1965年，全县拥有长途电话线7条，市话交换机300门，安装市内电话机223部，农村交换机容量1293门，农村电话机739部，达到社社村村（大队）通电话。

此外，在十年探索中，政治思想建设也取得丰硕成果。八大前后，全党把工作重心转移到经济建设上来。德清从实际出发，对探索适合自己特点的经济发展途径进行了有益的尝试，因地制宜地发展多种经营。通过对“大跃进”经验教训的总结，干部、群众初步澄清了对社会主义的模糊认识，形成了在社会主义阶段存在着全民、集体、个体三种所有制，必须按劳分配、等价交换原则，必须牢固树立以农业为基础、工业为主导，有计划、按比例的经济发展方针，必须坚持和发扬党内民主等比较正确的思想，许多地方自发实行包产到户，为后来的改革开放提供了成功借鉴，积累了宝贵的思想材料。

知识青年上山下乡运动

青年是社会中最富有进取精神和积极进步的力量。20世纪60年代青年人的志向，可以用“好儿女志在四方”来概括。为了社会主义建设，他们响应党的号召，“到农村去，到边疆去，到祖国最需要的地方去”。在革命理想的教育下，青年们懂得只有把自己的成长，同祖国的建设、国家的命运联系在一起，才能发出最大的光和热。邢燕子、侯隽等优秀知识青年代表走上上山下乡之路，他们的行动激励了广大知识青年。

知识青年上山下乡，到农村安家落户，参加集体生产劳动，早在20世纪50年代就已在浙江出现，当时是为缓解城镇就业压力、解决城镇部分人员就业问题而采取的一项重要措施。“文化大革命”开始后，各类学校教学工作几乎中断，招生工作更无从谈起。1968年3月省革委会成立后，各类学校毕业生的分配问题已成为一个刻不容缓的巨大社会问题。据统计，1966年至1968年，全省共有三届初高中毕业生39万人（包括社会青年），其中城镇青年20人。他们的就业既是摆在自己、家庭面前的问题，更是稳定社会所必须解决的一个大问题。1968年12月22日，《人民日报》以《我们也有两只手，不在城里吃闲饭》为题，介绍了甘肃会宁县部分城镇居民到农村安家落户的经验，并在“编者按”中传达了毛泽东的指示。不久，全国掀起了知识青年上山下乡的高潮。

1969年3月25日，嘉兴地区革委会发出通知，要求把动员知识青年到边疆区、到农村去作为一项重要的政治任务来完成，并把全地区5000人的支边任务分解到各县。随后，从县到镇、从街道到居委会都行动起来，街头巷尾悬挂横幅、张贴标语，宣传车上街宣传，知识青年和家长集中参加学习班学习，声势浩大的上山下乡热潮迅速形成。广大城镇知识青年纷纷响应党的号召，决心“到农村去，到边疆去，到祖国最需要的地方去安家落户，建设社会主义新农村，干一辈子革命”。与此同时，各县动员知识青年到本地农村插队落户的工作也如火如荼地展开。

新市镇群众聚集在步云桥上欢送知识青年奔赴广阔天地

德清县安置知识青年一般有两种做法。一种是集体安置，一种是分散插队安置。城关公社明星大队采用集体安置办法，将分配到该队的27名知识青年集中安排在大队牧场。大队党支部选派一名党员干部担任牧场负责人，兼管知识青年工作。又选择26名政治思想好、作风正派、生产经验丰富的贫下中农进牧场，与知青共同劳动和生活，既负责政治思想教育，又传授农活技术。当时牧场条件十分艰苦，知识青年和贫下中农一起动手盖住房，建猪棚，并在荒滩上开垦出20余亩水田。后来，又开荒造林，种植毛竹、小竹150多亩，果树86亩，养鸡1万多只，猪200多头。牧场除饲养肉猪外，还繁殖小猪，给所在大队社员提供苗猪。贫下中农和知识青年的并肩努力，把一个荒山坞建成了竹木成林、六畜成群的“百宝山”。林牧场的大多数知识青年劳动出勤在300天以上，平均每人分配收入200余元。分散安置在生产队插队劳动的知识青年，一般能做到与同等劳动力同工同酬。当时劳动一天，男劳力最高评12分，女劳力最高评9分。知识青年参加劳动，一般第一年男的可评10至11分，女的可评7至8分，一季一评，逐步增加，最高可与同等劳动力持平。

知识青年到农村后，向农民学习生产知识，参加艰苦的农业劳动，并传播文化知识，有的还担任生产队干部，或从事小学教员、“赤脚医生”等初级技术工作，希望在广阔的天地里大有作为。但由于体力劳动和分配收入过重、过低，生活条件艰苦且文化生活贫乏，以及组织管理欠缺等一系列原因，也遇到了很多困难。1973年6月至8月，全国知识青年上山下乡工作会议召开，对知识青年下乡、管理、返城等政策作出若干调整。省委和地委都及时做了贯彻部署，各县将知识青年上山下乡工作从内务局分离出来，专门建立“知识青年上山下乡领导小组”及其办公室，负责该项工作。各地对知识青年上山下乡工作进行全面检查，打击不正之风和违法犯罪，制订和落实相关政策，努力解决住房、口粮等实际问题。这些政策和措施对改善知识青年待遇、稳定人心起到了积极作用。至1974年底，全县26个公社共安置下乡知识青年4038人。

广大知识青年到农村等地后，在与农民的接触中学到了许多在城市、在书本上学不到的知识，在艰苦环境中经受了锻炼，增长了才干，不啻为一笔宝贵的财富。他们给农村带去了知识、技术，为改变农村落后面貌、开发振兴农业作出了贡献。

计划生育工作的加强

“文化大革命”开始以后，计划生育工作和其他各项工作一样受到严重冲击。刚建立起来的各级计划生育机构陷入瘫痪状态，晚婚、节育等刚提倡的计划生育措施也无人负责推行。当时正值第二个人口生育高峰，再加上计划生育失控，导致每年人口增长率高涨。1949年，德清、武康两县总人口仅19.43万，到1972年底，德清县总人口已达34.77万，23年间净增人口15.34万，增长了78.9%。由于人口快速增长，人均耕地面积不断减少，当年全县人均耕地面积仅为一亩一分六厘。同时，新生人口的大量增加，造成学校不能满足学龄儿童入学的需要，市场商品供应紧张，社会压力加重，人民生活水平下降。

人口过快增长造成的种种问题再次引起人们的高度重视。1971年7月，国务院批转卫生部等部门《关于做好计划生育工作的报告》，提出克服生育无政府状态，实行有计划地控制人口增长的目标任务，迈出了大力开展计划生育工作的新步子，成为70年代开展计划生育工作的新起点。1971年9月，德清县革命委员会计划生育委员会成立。1972年9月，浙江省革委会决定成立浙江省计划生育委员会。

1973年1月，浙江省委召开计划生育工作会议，要求当年全省人口自然增长率争取降到15‰。同年2月24日至28日，县委召开全县计划生育工作会议。参加会议的有各公社（镇）、生产大队分管计划生育的负责同志，县属机关、直属厂矿、人武部和部分先进单位的代表，共计235人。会议学习了国务院有关计划生育的文件，传达了省计划生育会议精神。要求全县各党政部门和企事业单位结合德清实际，继续抓好计划生育工作，落实各项措施，实现人口增长控制目标。会上，有12个单位交流了开展计划生育工作的经验。根据全省计划生育工作要求和德清计生工作的现状，确定了德清县计划生育工作的具体任务是，在第四个五年计划期间，全县人口自然增长率控制目标分别为，1973年12‰以下，1974年9‰左右，1975年8‰左右。

为保证“四五”期间德清县人口增长规划的实现，从1973年开始，县委采取了一系列措施。一是加强党对计划生育工作的领导。从县委到全县各公社、镇党委、革委会，迅速建立和健全了计划生育委员会。全县各厂矿、企事业单位、农村生产大队都建立计划生育领导小组，做到上下一条线，层层有人抓。二是积极培训计划生育技术人员。从县医院和公社部分卫生所抽调技术力量，深入工厂、农村，开办计划生育专项技术培训学习班，通过专项技术培训使农村中既从事农业生产，又从事医疗卫生工作的“赤脚医生”、接生员逐步学会计生技术和妇科病防治技术。三是培养和建立以妇女干部、赤脚医生为主体的群众计划生育骨干队伍。把避孕节育的办法教给群众，由群众自己选择具体的节育办法。四是大力提倡晚婚。根据“结婚晚一点，生得稀一点，少一点，养得好一点”的精神，为做好少生优生工作，县卫生局做好宣传教育工作，破除“早生儿子早得福”“多子多福”等陈旧观念，提倡晚婚晚育。在提倡晚婚和计划生育的过程中，各级计生工作人员坚持做好耐心细致的思想工作，做到育龄妇女、丈夫、长辈思想上“三通”和育龄妇女、家庭、群众“三满意”，使晚婚和计划生育真正变成群众的自觉行动。

由于全县各级党组织、革委会把计划生育工作作为一件大事来抓，宣传教育工作广泛深入，广大群众提高了晚婚和计划生育的自觉性；同时，落实各项综合性计划生育措施，使全县人口出生率和自然增长率逐年下降。至1975年，全县人口出生率为10.96‰，自然增长率为4.67‰。出生率比1974年降低了1.95‰，比历史上出生率最高的1963年降低了25.4‰，全县广大农村和集镇的人口自然增长率都稳定在一个相对合理的水平上。

为保证计划生育工作长期有序进行，1975年10月，德清县计划生育委员会还拟定了《关于计划生育工作若干问题的规定（试行草案）》，对晚婚、节育等有关问题又做了具体规定，全县青年晚婚年龄为男25周岁，女23周岁。由于宣传发动工作到位，人们的思想观念有了转变，全县男女青年晚婚符合率达到74.7%以上，生育间隔时间也日趋合理，二胎以上的现象逐渐减少。随着计划生育工作的深入开展，妇幼卫生保健工作也开创了新局面。全县各公社（镇）普遍进行了一至二次妇科病普查普治，开办了89所农村幼托儿所，受托儿童达到2500多人。

在县委的领导下，德清全面认真贯彻党的计划生育政策精神，经过各党政机关和全县计划生育工作者的共同努力、艰苦工作，这一时期的计划生育工作取得了明显成效，为以后德清计划生育工作持续健康发展奠定了较为坚实的基础。

“文革”后农业生产恢复与发展

粉碎江青反革命集团后，人民群众被压抑的生产积极性终于得到解放。为实现四个现代化而努力，再度成为人们的目标，许多停工的企业迅速恢复生产。党中央在部署揭发批判“四人帮”罪行、稳定全国局势的同时，立即着手工农业的整顿和恢复，并重新发出了为建设社会主义现代化而奋斗的号召。

由于“江青反革命集团”的干扰破坏在经济领域造成的严重后果，党中央及全党对于要大抓经济建设，加快发展生产力等，认识是一致的。1976年12月和1977年4月至5月，中央先后召开第二次全国农业学大寨会议和全国工业学大庆会议，号召全国人民掀起一个“抓革命、促生产”的高潮，努力把国民经济搞上去。1977年1月10日至15日，嘉兴地委召开干部大会，传达贯彻第二次全国农业学大寨会议精神，号召干部群众革命加拼命，甩开膀子大干，把被“江青反革命集团”干扰和破坏造成的损失夺回来。在2月底到3月初召开全省第二次农业学大寨会议期间，地委进一步强调，要调动一切积极因素，加快农业学大寨普及县运动的步伐，千方百计把农业生产搞上去。

在省委、地委的有力推动下，中共德清县委以“说了算、定了干”的作风，广泛组织群众开展农田基本建设和水利建设，推进科学种田，掀起了轰轰烈烈的农业生产高潮。3月24日，县委下达了《1977年全县加快农业发展的具体目标和措施》。《目标和措施》的主要内容是贯彻“以粮为纲、全面发展”方针，狠抓粮食生产，大搞科学种田，积极发展林业、畜牧业和多种经营，大搞农田基本建设，以改土、治水为中心，实行山、水、田、路综合治理，建成“南北一个向，东西一个样，块头一样长”的格子田。

1977年下半年，中央和浙江省分别召开农田基本建设会议，提出“今冬明春要大搞一下农田基本建设”。嘉兴地委于8月10日至15日召开县委书记会议，传达贯彻全国农田基本建设会议精神。根据全国和浙江省农田基本建设会议精神，9月11日至15日，德清县委召开全县农田基本建设和林业会议，认真总结当年春季农田基本建设的经验和存在的不足，再次研究和部署全县的农田基本建设。大家认识到，要使国民经济全面跃进，农业非大上不可；农业要大上，非大搞农田基本建设不可；不大搞农田基本建设，农业大上就是一句空话。在提高认识的基础上，县委从实际出发，抓住影响农业高产稳产的薄弱环节和主要矛盾，讨论和制定了《德清县农田基本建设规划》。《规划》提出了1977年冬至1978年春全县农田基本建设的奋斗目标是，扩大增加旱涝保收、高产稳产农田数量，提高抗御自然灾害的能力，大搞“吨粮田”建设。根据这个总的目标，全县分山区、导流港西、东三大片进行农田治理。导流港以东平原的主攻方向是，配合出海口排涝工程，向建设园田化灌区进军，做到土地平整，排灌分系，渠沟配套，堤防加固，排灌自如，渠路结合，“四旁”绿化。导流港以西丘陵地区主攻方向是，搞好英溪、阜溪、湘溪的治理，以兴建水库为主，提水灌溉为辅，沿山开渠，平整土地，渠路结合，绿化丘陵，实现防旱、防洪、防冷水。西部山区的主攻方向是，积极提高农田抗旱能力，实行蓄、引、提并举，山、水、田、林、路综合治理；建水库，筑堤坝，打机井，发展小水电，绿化造林，防止水土流失；开展溪滩造田，建设水平梯田，扩大耕地面积。为完成上述目标，县委要求全县各级党组织把农田基本建设当作一项伟大的社会主义事业来办。全县共发动8万人投入了农田基本建设，全面打响全县农田基本建设大会战。

1978年1月2日，县委调集全县各机关、部门、公社3万余人治理湘溪港。湘溪港经上柏、三合、千秋、二都、秋山、城关等6个公社，整个流域面积达23万亩。西部山区山多河少，暴雨时山水向湘溪倾泻，又因湘溪河道狭窄、湾头多、河床浅，容易造成内涝，给农业生产带来极大的危害，致使德清境内湘溪港流域不可避免地成了全县粮食低产区。为解决内涝问题，早在1966年，县委就组织有关部门进行过多次调查，制订治理湘溪规划。但是由于“文化大革命”的内乱，加上各行各业大搞政治运动，农田基本建设遭受不同程度的干扰和破坏，治理湘溪规划未能实现。粉碎“江青反革命集团”后，德清县委坚决执行中央关于“农田基本建设是农业学大寨运动的组成部分，要把农田基本建设当作一项伟大的社会主义事业来办”的指示，再次组织有关部门到实地进行调查研究，广泛听取群众意见，重新制订治理湘溪港的规划，对从上柏公社的水桥到三合公社的新陡门全长28华里的湘溪河段进行疏浚拓宽、挖深，裁弯取直。至1979年，湘溪港治理工程共完成土方125.5万立方米、石方0.95万立方米，混凝土372立方米，投工94.7万工日，全面完成河道土方开挖和培堤任务，工程配套建筑物也分期完成，湘溪治理全面竣工。湘溪治理工程集防洪抗旱、造田造地、灌溉发电为一体，从根本上解决了沿溪两岸的洪旱灾害，也节省了大量的排涝电费，取得了良好的社会和经济效益。

与此同时，县委还对导流港以东出海口工程、西部山区提高农田抗旱能力水利设施等农田基本建设配套工程进行综合治理。综合治理中共投放446万人工次，完成890万方土石方，修建配套农田基本建设水利设施2900处。全县西部山区5万亩农田实现了自流灌溉，东部平原25万亩农田实现了机灌。

在农田基本建设大会战中，县委坚持“统一规划，统筹兼顾，突出重点，当年受益”的方针，提出园田化规划内的先搞，见效快的先搞，当前要种作物的先搞，层层落实任务。同时，强调要发扬共产主义风格和团结协作精神，认真实行自愿互利、等价交换的原则，解决好社与社、队与队之间的利益问题。全县各地根据要求，因地制宜，积极采取措施加快农田改造，通过移墩、平堤、改溪、劈山造田来扩大耕地面积。至1979年，全县共平整土地25万亩，造田造地15267亩，改造烂水、冷水低产田15000亩。原来坑坑洼洼、坟堆林立、土墩遍布的乱杂地，变成了旱涝保收的丰产田。

农田基本建设和水利配套设施的不断完善，有效提高了全县农田增产和抗灾能力。1978年，德清县遭遇持续高温干旱，给农业生产带来了严重威胁，由于大搞了农田基本建设和兴修水利，以及全县各级党组织带领干部群众，发扬大寨人“天大旱、人大干”“千里百担一亩苗、灾害面前不动摇”的革命精神，战胜了灾害。当年，全县农业总产值达到1.31亿元，比1976年增长4.2%，粮食总产量22.38万吨，比1976年增长9.5%。

贯彻党的十一届三中全会精神，实行工作重点转移

1978年12月18日至22日，党的十一届三中全会在北京召开。在邓小平的领导和其他老一辈革命家的支持下，全会开始全面纠正“文化大革命”中及以前的“左”倾错误，坚决批判“两个凡是”的错误方针，重新确定解放思想、开动脑筋、实事求是、团结一致向前看的指导方针，果断停止使用“以阶级斗争为纲”的口号，作出了把全党工作重点转移到社会主义现代化建设上来、实行改革开放的历史性决策。全会结束了粉碎“四人帮”之后党的工作在徘徊中前进的局面，实现了新中国成立以来党的历史的伟大转折，开启了我国改革开放新时期。

12月23日，党的十一届三中全会公报发表后，经过调整的中共德清县委立即召开常委会议，及时学习全会精神，对为什么要实行工作重点转移、能不能实现党的工作重点转换、怎样实现党的工作重点转移取得了一致认识，表示坚决拥护党的十一届三中全会精神，坚决贯彻执行。28日，根据省委和地委的指示，县委召开电话会议，就全县学习贯彻党的十一届三中全会精神作出具体部署，要求全县各公社、镇党委、县级机关各部门领导要带头学习党的十一届三中全会有关文件，并组织好广大群众的学习，做到家喻户晓，人人皆知；实现工作重点的转移，全县各地要抓紧做好平反昭雪工作，进一步落实党的干部政策，加强领导班子的整顿和建设，推动一切积极因素，为实现四个现代化作出贡献；要以党的十一届三中全会精神为动力，搞好年终分配和总结评比，推动农田基本建设和春花田间管理，为来年农业丰收打下基础。根据县委的部署，全县各地兴起学习和宣传党的十一届三中全会精神的热潮。

1979年1月4日，中共德清县委宣传部发出《关于在春节前后学习

宣传党的三中全会公报和开展勤俭节约、移风易俗宣传教育的通知》，要求各级党组织要根据县委部署，进一步发动和组织干部群众开展学习，特别是在春节前后，要继续把学公报这件大事抓紧办好。为加深对公报的理解，采取一个问题一个问题地学习讨论的方法，全面领会公报精神。同时，还要求学习毛主席《不断革命》，学习《把全党工作的着重点转移到现代化建设上来》《伟大转变和重新学习》等文章。在学习中，各级领导不仅组织广大干部群众学习，而且还带头学习、宣传、贯彻。各级党委还在节日期间发动和组织各文艺单位紧密配合党的中心工作，编排各种形式的文艺节目，宣传公报精神。通过宣传，使公报精神真正达到家喻户晓。

在广泛宣传学习党的十一届三中全会公报的基础上，1979年2月1日至8日，县委召开常委扩大会议，传达贯彻中共十一届三中全会决定和省委六届二次扩大会议精神，以实践是检验真理的唯一标准为思想武器，总结“以阶级斗争为纲”的历史教训。会议一致认为，中共中央果断地停止使用“以阶级斗争为纲”这个不适用于社会主义社会的口号，把全党工作重点转移到以经济建设为中心的轨道上来的战略决策，充分反映了人民的愿望、时代的要求。在学习讨论中，与会者敞开思想，畅所欲言，用实践是检验真理的唯一标准这一原则，实事求是地回顾总结了过去二十多年来的经验教训：一是政治运动过多，造成了党内思想混乱。这二十多年来，党内政治运动一个接着一个，运动越搞越“左”，规模越搞越大，斗争越来越激烈，伤害了许多干部群众。尤其是“文化大革命”运动，党纪、法纪遭到严重摧残，国家的政治民主制度遭到肆意践踏，国民经济到了崩溃的边缘；二是经济建设政策趋“左”。政策朝令夕改，变化多端，干部群众无所适从，严重阻碍了社会生产力的发展；三是领导干部不注重当时当地的实际情况，违背客观经济规律，弄虚作假，破坏生产，劳民伤财；四是党内民主生活不健全，在极“左”路线的影响下，党内民主和人民民主遭到蹂躏，乱抓辫子、乱戴帽子、乱打棍子，无政府主义泛滥，严重破坏了正常的工作秩序、生产秩序和社会秩序。在统一领导思想认识的基础上，2月10日至16日，县委召开全县三级干部会议，到会的有公社、镇全体脱产干部、生产大队支部书记、大队长、各厂矿企事业单位党支部书记共1270人。会上，县委认真贯彻党的十一届三中全会精神，用“解放思想，开动脑筋，实事求是，团结一致向前看”的正确方针，认真回顾新中国成立以来全县经济建设的曲折过程，总结吸收正反两方面的经验教训。通过这次会议，清理了基层干部各种“左”的口号和宁“左”勿右的指导思想影响，进一步明确了经济建设是党的中心工作，只有经济建设上去了，国家才有希望，人民才能富裕。认识到实现工作重点转移的重要性和紧迫性。

此后，县委根据实际，对全县中心工作重点如何转移作出部署，对发展经济作出新的规划，提出了切实可行的目标与任务：工作重点转移的第一年（1979年），全县粮食亩产上“双纲”（即亩产达到800公斤），农、林、牧、副、渔五业并举，工业、农业、副业“三业”齐上。为了实现上述指标，切实加强对经济建设工作的领导，县委定期召开各部门负责人联席会议，统一处理工、农、财、文等方面的工作。同时，县委常委建立分工责任制，分线抓片，深入基层，集中精力抓好全县工农业生产，协调解决经济发展中有关难题。县委还要求各行各业都要围绕中心工作，认真做好支农工作，加快农业发展步伐。

得益于县委对贯彻党的十一届三中全会路线、方针、政策的指导思想明确，工作重点转移措施坚强有力，取得明显效果。1979年，全县粮食取得大丰收，春粮、早稻、晚稻连续增产，亩产超历史最高水平，亩产810公斤，首次超“双纲”。随着生产发展，社员经济收入增加，人均年收入超过200元，比上年人均增加30元。工业、交通运输、文教卫生、计划生育、科技、体育等工作也出现新的发展，商业购销两旺，市场繁荣、社会稳定，城乡人民生活都有改善。

家庭联产承包责任制的推行

实行以包产到户、包干到户为主要形式的家庭联产承包责任制，是农村生产关系的一次大变革。广大农民长期在那种集中过多、统得过死和平均分配的人民公社旧体制束缚下，吃尽了生产“大呼隆”、分配“大锅饭”的苦头，对改革有很多的热情和强烈的愿望。德清的许多生产队没有受上面规定的束缚，偷偷地实行了分组作业、联产计酬等。如：1976年，德清县新联公社就把公社各级牧场建立“四定一奖”①责任制，到1979年3月，全公社集体养猪存栏3731头，比上年同期增长39%，超历史最高水平。为此，1979年6月11日，由浙江省委办公厅编印的《浙江工作通讯》第7期，专门介绍了新联公社各级牧场建立责任制的经验，认为，责任制的实行，有利于调动农民群众的积极性。

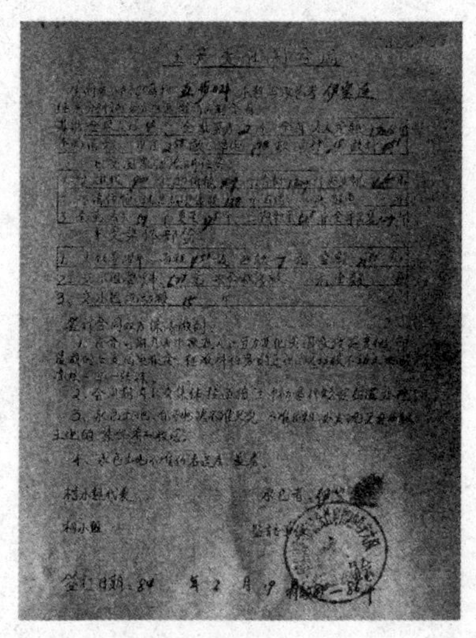

联产承包合同

1978年12月，党的十一届三中全会通过《关于加快农业发展若干问题的决议（草案）》，提出在生产队统一核算和分配的前提下，可以包工到组，联产计酬，同时明确“不许包产到户”。这是自农村集体化道路以来，党中央首次提倡的农业生产责任制。是月，德清洛舍公社砂村大队9个生产队率先试行“分组作业、小段包干、定额计酬、按件计分”生

① 四定一奖：定人员、定产量、定饲料与成本，超产提成奖励。

产责任制。1979年春，又对队办鱼、牧、茶场实行联产计酬。

1979年6月，浙江省委发布了《关于农村人民公社若干政策问题的补充规定（试行草案）》，对农业生产责任制问题做了原则规定。文件指出：生产队根据农业生产的需要，可以组织临时的或季节的田间操作组，建立“任务（包括数量、质量）到组，定额包干，检查验收，适当奖惩工分”的小组责任制。少数规模大的生产队，在“四统一”（统一领导、统一计划、统一核算、统一分配）前提下，建立常年的田间操作组，实行“三定”（定产、定工、定本）到组，多奖少赔，奖工不奖产；有些适合个人完成的农活，可以任务到人，建立个人责任制。根据省委文件精神，德清县委、县政府不断加深对家庭联产承包责任制的认识，积极推动农村经营体制改革，教育广大党员干部消除“左”的思想影响，建立多种形式的农业生产责任制。据统计，到1979年7月，全县2351个生产队中，有1800个队建立了季节性临时操作组，因地制宜推行了分组作业、小段包工、超额奖励等形式的生产责任；有2100个养蚕室、970个牧场、渔场建立了“四定一奖”责任制；有545个队对某些农活建立了按件计酬责任制；有178个规模大的生产队在“四统一”的前提下，建立了常年操作组和联系产量计算报酬的责任制；有15个公社、177个生产大队建立了干部岗位责任考核制度。10月，由县委办、县农办组成调查组，对洛舍公社陆家湾大队组织干部社员联系农村政策实际落实政策情况进行调研，总结了“四个冲破”经验：一是冲破了不准生产队建立联产责任制、不准给社员超额劳动发奖金的框框，全面建立了联系产量计算报酬的生产责任制和岗位责任制，及时兑现社员超劳动定额的现金奖励办法；二是冲破了“富则修”、增产不能增分、人均分配一定要稳定在200元的框框，合理安排三者关系，增产可以增分，多劳可以多得，社员分配有较大的突破，全年每人分配收入超300元；三是冲破住房只能集体建、不准社员私人建的框框，改由集体统一规划、材料组织供应、经济合理补助、社员自己建造的方法，使新村建设既快又合乎群众心意，有34户40套楼房动工兴建；四是冲破了代耕社员部分自留地、部分蔬菜由集体种的框框，生产队退回代耕社员自留地，同时还划给社员适当数量的蔬菜地，由社员自种各类蔬菜。由此，德清农村推行家庭联产承包责任制，为全县农村改革拉开了序幕。

1980年9月，中共中央印发《进一步加强和完善农业生产责任制几个问题的通知》，对农业生产责任制推行过程中的一些政策性问题作了规定。11月，浙江省委召开全省农村工作会议，总结、完善和稳定农业生产责任制，提出生产责任制多样化的方针，强调因地制宜，因业制宜，不搞一刀切。

为贯彻中央和省委农村工作会议精神，11月4日至9日，县委召开了全县脱产干部会议，传达学习和领会中央和省委关于稳定农业生产责任制的有关政策规定。会议中，与会人员对包产到户问题争论很大，普遍认为，我们这里农业生产年年有发展，经济收入年年有增长，社员收入年年有提高，不属于“三靠”（吃粮靠返销，生产靠贷款，生活靠救济）地区和困难地区，如果搞包产到户，可能要犯方向性错误。有的与会人员还说什么“辛辛苦苦三十年，一夜退到解放前”，思想上有很大的抵触情绪。针对领导干部暴露出来的思想，县委领导在会议总结时，强调要采取多种形式的生产责任制，一定要尊重社员的意愿，只要有利于生产发展，有利于巩固壮大集体经济，有利于增加社员经济收入的经济责任制，各级组织就要支持。

县委、县政府对家庭联产承包责任制的重视，使全县农业生产力不断得到解放。1981年5月6日至10日，中共中央办公厅农村调查组史维国、冷玉律、王杨顺一行3人，到德清洛舍公社陆家湾大队、筏头公社光华大队等地调查农村生产责任制、发展多种经营、进一步使农民富裕起来的情况。调查组肯定了德清在推行家庭联产承包责任制过程中所取得的成绩，同时也指出了还存在着高水平生产和平均主义分配现象，联产时基数指标定得太高，超产部分受奖比例小。为此，调查组提出了三个调整措施：一是联产时定产基数不能太高，要适当调低，使承包制有产可超；二是超产奖励部分要扩大，给个人多一点利益，搞实超实奖；

三是粮食该调整的要适当调整，腾出劳动力开展多种经营。

1982年1月，中共中央《全国农村工作会议纪要》对家庭联产承包责任制作出了明确的定性、定位，指出："包产到户、包干到户或大包干都是社会主义集体经济的生产责任制，它不同于合作化以前的小私有的个体经济，而是社会主义公有制的组成部分。"2月，县委召开全县三级干部会议，总结交流三年来农业生产责任制的经验教训，统一了对实行家庭联产承包责任制的思想认识。会后，县委抽调300余名机关干部，到全县各大队宣传中央文件，进一步消除"左"的思想束缚，帮助搞好联产承包责任制，经过宣传发动，广大干部社员对农村这场改革在认识上有了很大提高，改革热情更加高涨。9月，县委办公室专门起草了《德清县生产责任试行办法（草案）》，共12章46条。到1982年底，全县26个公社的2936个生产队的98%水田实行了家庭联产承包责任制。到1984年底，全县农村包括水田、桑园、林业、牧业、渔业在内的大农业全部实行了家庭联产承包责任制。

以家庭联产承包为主的农业生产责任制的建立和推广，极大地调动了广大干部和社员群众的生产积极性，有力地促进了农业生产的全面发展。1982年，全县农业总产值（按1980年不变价格）1.62亿元，比1978年增长19.1%，比1981年增长10.79%；粮食总产量（包括大豆）2.4万吨，比1978年增长6.8%，比1981年增16.39%。

社队企业的发展

社队企业是农村经济中非农业的总称，是在农村手工业和农副产品加工业的基础上发展起来的。1978年5月，德清社队企业局建立。党的十一届三中全会后，县委、县革委会根据中央提出的“社队企业要有一个大发展”的方针，把发展社队企业列入了重要议事日程，加大工作力度，积极扶持社队企业发展，迅速办起了一批缫丝厂、织绸厂、砖瓦厂、竹木加工等社队企业，农民办企业的积极性高涨。11月，县革委会转发了省革委会《关于发展社队企业的几项规定》，要求全县各级党委、革委会和各有关部门切实加强领导，采取积极措施，大力促进社队企业的发展，以加快农业机械化步伐，实现公社工业化，为高速度发展农业生产做出努力。到次年7月，全县共有社办企业188家，队办企业700余家，务工社员16800余人。

1979年7月，国务院发布《关于发展社队企业若干问题的规定（试行草案）》，对发展社队企业的意义、发展方针、经营范围、所有制性质等做了明确规定。12月1日，省委、省革委会转发了省社队企业管理局《关于贯彻执行国务院〈关于发展社队企业若干问题的规定（试行草案）的实施办法〉》，要求各地、市县加强对社队企业的领导，充分利用当地自然资源、技术力量和设备条件，制定发展社队企业年度计划和长远规划，切实做到积极发展，因地制宜，合理布局。在有关部门积极支持和扶植下，社队企业有了一个较大的发展。

根据中央和省委文件精神要求，德清县委、县革委会及时制定发展社队企业战略目标和贯彻措施，要求在三年调整期间，搞好社队企业整顿，贯彻“三就、四为”方针（就地取材、就地生产、就地销售，为农业生产服务、为人民生活服务、为大城市工业服务、为出口服务），实行以销定产，稳步发展。凡符合经济、合理原则，适合社队经营的项目，全县各级党组织要积极帮助他们发展起来，使农工副紧密结合，互相促进，全面发展。为加强对社队企业领导，县委规定，全县各公社必须建立工业办公室及财务、统计等。根据这一规定，全县26个公社相继建立了工业办公室，由一名党委委员或专职干部具体领导。

社队企业

财务、统计等也相继建立，进行一系列的专业培训。由于县委、县革委会对社队企业的重视，全县社队企业在调整中发展，在整顿中提高，停办了原料无来源、产品无销路、长期亏损的草绳、石灰、化工等企业12家，新办了轻纺、建材、农副产品加工等企业28家。蚕茧自烘也从原来的一个试点站，扩大到14个重点茧站，部分企业根据市场需要，增加了适销对路的高温纤维、线缇被面、绒绣床罩、化纤纺织、纺织瓷件、铁木家具、油漆、玻璃瓶等产品。其间，企业管理普遍提高，建立了以岗位责任制为中心、定额管理为基础的“五定一奖”制度（定人员、定任务、定成本、定报酬、定上缴利润、超额奖励）。市场调节也日趋扩大，发挥了市场调节的积极作用。自行生产、自行销售的产品日益增加，维持了企业生产，适应了市场需求。到1980年6月底，全县1011个生产企业，安排劳动力20771人，总收入达到2296.07万元，工业总产值达2025万元，利润总额达到487.22万元。

1980年2月，中共德清县第五次代表大会召开，会议再次强调，要大力发展农村社队企业，走农工商综合经营的道路，必须加强党对社队企业的领导，健全各级社队企业管理机构，搞好企业管理，实行经济核算；社队企业的发展，可以采取社办队办、社队联办、社社联办、县社联办、与城市大厂合办等各种形式；社队企业的产供销，实行计划调节和市场调节相结合，充分发挥市场调节作用；对发展社队企业，有关部门要全面规划，工业物资等部门要在技术、设备等方面给予大力支持；在发展社队企业中，要有计划地安排好农业的多余劳动力，进一步促进农村经济发展。各级党委根据党代会精神，深入实际，发动群众，找门路、筹资金、上项目，掀起了大办社队企业的热潮。到年底，全县有社办企业220家，镇办企业22家，队办企业985家，安排务工人员23048人，招收城镇待业人员1140人；全年总产值5088万元，比1979年增长61.2%，净利润1180万元，比1979年增长51.1%。

随着社队企业的不断发展，许多新的情况和矛盾也随之暴露出来。一是认识不到位，社会上对社镇企业批评指责较多；二是发展不平衡；三是管理水平不高；四是政策处理上考虑不周，工作不细。在部分干部中产生了一些消极畏难情绪，认为社队企业已经是“过年养鸡，迟早要杀”，感到没有前途，准备企业“收摊”，人员“归田”，有的人认为社镇企业“吃得最粗，干得最苦，指责最多，有苦没处诉”，只有风吹笠帽告诉天，等等。根据上述情况，德清县委于1981年6月及时召开全县社（镇）队企业工作会议，再次强调必须正确贯彻调整方针，统一思想认识，社镇企业领导都要通过学习，提高认识，鼓舞信心，继续发挥积极因素，克服消极因素，理直气壮把社镇企业办下去，加强经营管理，充分发挥现有企业的潜力，逐步以外延为主转向内涵为主，由粗放经营转向集约经营。面向市场，面向挖潜，抓好企业管理。认真抓好经济政策，调动务工和务农社员的积极性。认真总结经验，继续端正发展方向，发挥“船小掉头快”的特点，利用种植业、养殖业、加工业的优势，一定能走出一条投资省、浪费少、收效高的健康发展社队企业的新路子。

在县委、县革委会的重视下，全县社队企业经过调整，得到稳步发展，到1983年底，全县有正常生产的企业789个，其中社办企业244家，独立核算队办企业545家，务工社员25800余人，约占全县农业劳动力的14%。是年，全县工业总产值7958万元，其中列入国家社办企业产值5682万元。利润1975万元，全年交纳工商所得税757万元，支付工资1386万元。

社队企业的发展，对于利用和发展地方资源，安排农村剩余劳动力，巩固壮大集体经济，增加收入取得明显效果，对于逐步改变农村和农业经济结构，支援农业发展，促进小城镇建设，起了积极作用，对发展商品生产、活跃市场、扩大出口，增加国家财政收入也作出了贡献，社队企业已成为农村经济的重要组成部分，符合农村经济综合发展方向。1984年，社队企业正式改称为乡镇企业。

政法机构的恢复和加强

“文革”初期，作为政权主要支柱的公安、检察、法院机关被“彻底砸烂”，由中国人民解放军浙江省德清县公安机关军事管制组实行军事管制。1973年2月，撤销军管，先后恢复法院、公安局。1978年6月，检察院恢复。

党的十一届三中全会开启了改革开放、建设有中国特色社会主义的伟大进程。但是，这一前所未有的伟大创举一开始就不是一帆风顺的。由于各种复杂的因素，社会治安问题逐渐增多，违法犯罪现象大幅度上升，对社会安定和人民群众生命财产安全构成严重危害。正是在这样的历史背景和紧迫形势下，时任中共中央副主席邓小平在中央工作会议上提出了要大力加强政法、公安部门的建设和工作，提高这些部门人员的政治素质和业务素质。要从基本建设队伍和专业军人中挑选一批好的职工、干部和战士，经过训练，扩大和加强政治公安干警队伍。德清县的政法机构，在县委的重视下得到恢复和加强。

1981年8月和12月，中共嘉兴地委先后召开全区政法工作会议，会议要求各级党委切实加强对政法工作的领导，要把此项工作列入党委的议事日程。德清县委根据嘉兴地委指示要求，加强了对政法工作的领导。10月，经县委研究决定，建立中共德清县政法委员会，下设办公室。11月，又建立司法局。县政法委建立后，在县委领导下，认真贯彻上级党委对政法工作的指示精神和工作部署，统一政法各部门的思想和行动，协助县委研究制定政法工作的方针、政策，对一定时期内的政法工作作出全局性部署，并督促落实，同时组织协调指导维护社会稳定工作，支持和监督政法各部门依法行使职权，指导和协调政法各部门执法上相制约、密切配合、督促、推动大要案查处、工作研究和协调有争议的重大、疑难案件，组织推动社会治安综合治理工作，研究、指导全县政法队伍建设和政法各部门领导班子建设。

为切实加强党对政法工作的领导和政法队伍建设，德清县委加强了政法干警的思想政治工作，组织全县政法干警认真学习三中全会以来的路线、方针、政策，以及法制理论、法律、法规。同时要求各级党委加强对公安政法工作的领导，要把此项工作列入议事日程。对有关公安政法工作全局性的问题，党委每年要认真讨论几次，并做出相应的决定。对一些重大事件和重大治安事件，党委要过问，要讨论，还需要深入现场，就地指导解决问题。在组织上，党委第一把手要亲自过问公安政法工作，并由一位书记或副书记分工负责抓。在县委的重视下，上柏、洛舍、雷甸、高村、禹越、三桥派出所先后建立，共有政法干警一百余人。1982年3月，县委召开全县政法工作会议，各公社（镇）、县属厂矿分管政法工作书记，政法各部门和县级有关部门负责人参加会议。会议通过学习中央〔1982〕5号文件，与会代表一致认为，中央关于加强政法工作的指示非常及时，极为重要，为争取社会治安情况根本好转指明了方向。会议还回顾了自去年以来，在县委领导下，认真贯彻全国和全省政法会议精神，全县政法各部门紧紧围绕整顿治安这个中心，充分发挥各自职能作用，上下一致，互相培训，协同作战，广大干警团结战斗，在打击敌人、预防犯罪、加强法制、抓好综合治理等方面，做了大量工作，取得一定成绩。会议强调，加强党对政法工作的领导，是搞好社会治安的根本保证，加强基层组织建设，是长治久安的根本措施。因此，会议要求，各公社、镇党委和基层党政组织，必须明确有一名领导分管公安政法工作，没有公安员的公社、镇要迅速配备，并逐步配齐司法助理员，工厂、企事业单位保卫科按职工人数千分之三的比例配备。据统计，到1982年底，县管45个内保单位，有38个单位建立了安全保卫责任制，新市、城关（现乾元镇）、武康、三桥（现属阜溪街道）、洛舍、士林（现属新市镇）等社镇和公社集镇相继建立联防队。全县建有调解委员会485个，调解干部1953名。

政法机构的恢复和各级基层组织的建立和加强，对促进全县社会治安的综合治理，发挥了特有的积极作用。

开展“五讲四美三热爱”活动

改革开放和发展商品经济的客观环境，迫切要求加强精神文明建设。在党中央的重视和领导下，精神文明建设活动广泛开展起来。1981年2月25日，全国总工会、共青团中央等九个单位联合发出《关于开展文明礼貌活动的倡议》，向全国人民特别是青少年提出，开展以“讲文明、讲礼貌、讲卫生、讲秩序、讲道德”和“心灵美、语言美、行为美、环境美”为主要内容的“五讲四美”活动。2月28日，中央宣传部、教育部、文化部、卫生部、公安部联合发出《关于开展文明礼貌活动的通知》。1981年6月，党的十一届六中全会通过《关于建国以来党的若干历史问题的决议》，强调社会主义必须有高度的精神文明。党的十二大进一步把建设高度的社会主义文明确定为我国社会主义建设的一个战略方针。

1982年2月，党中央根据广大人民群众的需求，倡导开展第一个“文明礼貌月”活动。从3月1日起，活动在全国全面展开。以后其内容除“五讲四美”外，又同“三热爱”活动紧密结合，“三热爱”即热爱祖国、热爱社会主义、热爱中国共产党。4月10日，县委印发《关于深入持久地开展“五讲四美”活动的通知》。《通知》要求全县各地要努力提高广大党员和群众对“五讲四美”重大意义的认识，要着重抓好三件事：搞好环境卫生，解决一个“脏”字；整顿公共秩序，解决一个“乱”字；提高服务质量，解决一个“差”字。

根据县委统一部署和要求，在第一个“文明礼貌月”活动中，全县共出动治脏人数11.3万多人次，清除垃圾3.62多万担，清除卫生死角780多处，疏通阴沟677条。通过整治，全县城乡卫生面貌有了较大改善。在农村，清理养蚕室、管理粪便池、修桥铺路、清理河道蔚然成风；在城镇，街头设摊、卫生包干、家禽圈养、河水卫生、建筑物堆放等都作了具体规范，一改过去“乱”的现象。全县各行各业的服务态度有了较大的好转，商店开展“柜台新语言、文明待顾客”活动，通过送货上门、设早摊供应、延长营业时间等措施，方便顾客，受到群众的称赞；医院把文明礼貌活动与端正医德医风、改善服务态度结合起来，改变以往不出诊、不出门注射、不出门化验的老习惯，为年老体弱、行走不便的病人建立家庭病床。与此同时，全县干部群众还积极参加植树造林、四旁绿化活动。据不完全统计，全县共出动植树造林52100多人次，种树238.6万多株。“文明礼貌月”活动，使学雷锋、做好事新风得到发扬，全县团组织建立学雷锋小组1001个，好人好事12500人次、53980多件。

1983年2月，党中央、国务院决定在中央和各省、自治区、直辖市成立“五讲四美三热爱”活动委员会。3月20日，中央“五讲四美三热爱”活动委员会成立，指导、协调、监督全国活动开展。6月4日，德清县“五讲四美三热爱”活动委员会成立，领导全县“五讲四美三热爱”活动，设立了相应办事机构，办公室设在县委宣传部。由此，一场声势浩大的“五讲四美三热爱”全民文明礼貌月活动在全县蓬勃开展。活动过程中，县委领导带领县级机关干部上街打扫卫生；团员青年、在校学生走向社会，走上街头，开展“便民”“利民”“为您服务”活动；妇联组织妇女分别到五保户、困难户、烈军属家里服务；全县小学生还开展以植树、养花、种草，实现“净化、绿化、美化”为内容的“少先队员三化活动周”。

开展“五讲四美三热爱”活动成效显著。据统计，1983年，全县团员、青年、妇女组织学雷锋小组2100多个。开展“为您服务”近2万人次，做好事达677000多件，被服务对象达8000多人。全县城乡从领导干部到基层群众，出动“治脏”达15万多人次。仅3月份，清除垃圾21000多吨，疏通阴沟5100多米，清除卫生死角640多处，灭鼠3000

多只，平整路面20多千米。参加绿化植树80000多人次，绿化造林5000亩，植树284万株，栽培花卉29000多盆。全县有128个单位和409个个人在文明创建活动中受到表彰。

1984年以后，“创建文明城市”及军民共建文明村镇、文明街道等活动在全国比较普遍地开展起来。1984年9月17日，县委、县政府发出了《关于广泛开展创建文明单位（村）活动的决定》。《决定》提出，在创建活动中要坚持两个文明一起抓的战略方针，坚持各行各业齐抓共管和“旧、脏、愚、乱、穷”综合治理的原则。同时对开展文明单位（村）建设，提出了组织建设好、思想建设好、经济建设好、文化建设好、法制建设好、环境建设好“六好”基本要求。根据《决定》要求，全县有213个单位参与文明单位建设活动。11月19日至21日，县委、县政府在士林乡召开全县“五讲四美三热爱”活动现场会议。会议表彰了下舍、士林、钟管、勾里、新联、高林等七个“两个文明建设先进单位”。授予武康化肥厂等26个单位为“文明单位（村）”，同时授予县政府办公室等48个单位为“创建文明活动先进集体”。

“五讲四美三热爱”活动的开展，对促进党风和社会风气好转起了积极作用，德清人民的思想觉悟有了显著提高，社会风尚、社会治安有了明显的好转，城乡环境卫生、绿化和美化有了极大的改善，两个文明建设取得了双丰收，为德清的发展奠定了基础。2020年11月，德清县以总分第一荣获第六届全国文明城市。

农村人民公社的撤销和乡镇建制的恢复

家庭联产承包责任制的普遍推行，从根本上动摇了“三级所有、队为基础”和政社合一的人民公社体制，彻底的改革势在必行。1982年12月，五届全国人大五次会议通过的新宪法，作出改变农村人民公社政社合一体制，设立乡政府作为基层政权，普遍成立村民委员会作为群众自治组织等规定。1983年1月，中共浙江省委在工作会议上，对改革“政社合一”的人民公社体制作出具体部署。同年5月，德清县委成立政社分设领导小组及其办公室，并在新联人民公社进行政社分设试点。同时，按乡建立乡党委，并根据需要建立乡经济委员会，管理经营原人民公社的集体资产。

1983年5月4日至7月6日，县委抽调13名干部成立试点工作组到新联公社开展政社分设试点。8月26日至9月20日，试点工作组将14个大队管委会改成村民委员会，帮助155个生产队建立村民小组，全面完成村级领导班子的选举。试点工作坚持以《中华人民共和国宪法》和《地方组织法》为依据，以党的十二大和1983年中央一号文件为指针，根据原有机构设置和干部配备情况，从有利于生产发展出发，经过多方征求意见，将原人民公社的区域范围恢复为乡或镇建制，分别建立中共乡（镇）委员会、乡（镇）人民政府和乡（镇）经济联合社；把原来的生产大队恢复为村，分别建立村党支部、村民委员会和村经济合作社。试点工作主要分四个阶段进行。

第一阶段是加强宣传教育，统一思想认识。试点工作组通过先党内、后党外的顺序层层召开会议，传达有关文件精神。干部群众听了传达后，多数人表示支持政社分设，但也有少数人对改革存在顾虑。对此，试点工作组先后召开党委扩大会、社管会扩大会、生产队长以上骨干会、党员会以及青年团、妇联、教师等各种会议，宣传学习中央一号文件和省委工作会议精神，并组织公社脱产干部认真学习《邓小平文选》和党的十一届三中全会精神，反复讲明实行政社分设的重要意义以及这次体改的指导思想、具体内容、方法步骤，要求大家积极投入改革。在此基础上，试点工作组还明确宣布"四个不变""四个不准"，即"以社建乡、以生产大队建村，现有的行政区域不变""政社分设，人民公社政社合一的体制改革后，现有的干部性质、待遇不变""社办社有，队办队有，现有的经济核算单位不变""原来签订的承包合同和债权债务不变"和"不准借体制改革之机，私分公物公款""不准利用公款，突击花钱""不准用公款请客送礼""不准破坏集体财产和拆散社队企业"。这两项宣布，使得干部群众如同吃了"定心丸"，统一了干部群众的思想认识。

第二阶段是通过民主推荐考核，选配好党、政、经委三套领导班子。试点工作组通过会议向生产队长以上干部讲解全乡新建的三套班子配备方案，并反复强调要以干部革命化、年轻化、知识化、专业化这"四化"的要求，以生产队为单位民主推荐人选。全社14个大队、155个生产队在七天时间内推荐人选150多名。工作组通过登门访问、小型座谈、民意测验、张榜招贤、单位推荐等形式，听取干部群众对推荐人选的意见和建议，通过严格把好政治关、年龄关、文化关这"三关"，最终人选经县委同意，确定了党、政、经委三套领导班子，其中，乡党委领导班子由7人组成，平均年龄39.1岁，高中文化的3人，初中3人；乡政府正副乡长3人，平均年龄28.1岁，高中文化2人，初中1人；乡经委正副主任3人，平均年龄43.3岁，初中以上文化2人。

第三阶段是建立工作责任制，明确职责，提高办事效率。为了更好地发挥乡三套领导班子及机构的职能，试点工作组明确了乡党委、乡人民政府、乡经济委员会这三个机构的职责范围并制订相应的工作条例，分别经乡党代会、人代会讨论通过后组织贯彻落实。同时，通过建立干部岗位责任制，做到定人定岗，明确职责。

第四阶段是建立村民委员会，全面完成体制改革。以乡党委成员为组长，抽调部分乡干部和大队党支部书记，组成村体制改革指导小组，对大队体制进行改革。全乡14个村共选出村委会成员140名，平均年龄36.9岁，初中文化52名。同时，原有的155个生产队全部改成村民小组。并在完成村民委员会选举后，以村为单位建立了党的支部委员会。

政社分设在新联人民公社的试点工作结束后，随即在全县进行展开。到1984年1月底，全县26个人民公社全面完成政社分设。从开展试点到完成政社分设，历时9个月。通过政社分设，德清县建立了党、政、经委三套机构，实现了领导干部的“四化”。至此，长达25年的人民公社“政社合一”行政管理体制和“三级所有、队为基础”的经济管理体制被废除。长期存在的党政不分和政社不分的状况明显改变，经济建设、政权建设、党的建设得到加强。乡（镇）集体经济、村级集体经济和农民个体均获得了较大的生产经营自主权，能够按客观规律和自己的意愿开展生产经营活动，使集体经济的优越性和广大农民的生产积极性都得到了发挥。

产学研“德清模式”享誉全国

1983年7月，浙江省德清县委、县政府与中科院上海硅酸盐研究所将一块“科研生产联合体”的牌子挂在了德清电子器材厂门口。这个在全国首创的“产、学、研”紧密结合的方式，被认为是当时科研院所与企业的最新最有效的合作方式，不仅使科技成果及时地转化为生产力，同时推动了企业与科研院所的共同发展。中科院领导和专家将此誉为“德清模式”，并在全国科技系统进行广泛推广。

“德清模式”的产生源于全国科技事业的发展。改革开放前，国营德清砖瓦厂由于资源紧缺正面临着前所未有的生存危机。1978年3月，邓小平在全国科学大会开幕式上的讲话，尤其是“科学技术是生产力”的观点，给厂部管理人员开阔了思路。于是，企业组织人员兵分五路，赴各地科研院所找项目、求合作。1978年5月，在中科院上海硅酸盐研究所，他们找到了“晶体材料的开发和应用”项目，用诚意打动了专家们并达成了筹建科研生产联合体的合作意向。6月，德清电子器材厂注册成立，随后，企业选派员工到上海硅酸盐研究所进行培训并成立电子新产品开发试制组。依托研究所的技术支撑，当年底就在自行

德清电子器材厂与中科院上海硅酸盐研究所建立了科研生产联合体

设计和制造的单晶炉里，一次试拉铌酸锂单晶获得成功，并迅速投入生产。随后几年，德清电子器材厂又开发生产了一系列晶体新产品，其中由铌酸锂单晶制作的声表波延迟线，在1980年5月我国向太平洋海域发射运载火箭中得到成功应用。同时，厂里通过不断更新技术装备，努力提高产品质量，产品从1981年开始出口外销，先后进入美国和欧洲市场。1983年，上海硅酸盐研究所研发的“自动等径生长单晶”新技术转化为生产力，单晶等径度明显好转，提高了材料的利用率。

在几年来的密切合作中，上海硅酸盐研究所与德清电子器材厂之间，逐步形成了一个科研生产联合体。联合体内，双方原有的隶属关系不变，但设有一个专门的领导班子，统一制定工作计划和协调双方利益。其中上硅所负责把科研成果交给厂方，提供技术资料，培训操作人员，搞好技术咨询；德清厂负责晶体和器件的生产、经营管理及产品销售，筹备新产品中试所必需的试验条件。电子器材厂取得的经济收益共同分享，新增利润的15%缴付上海硅酸盐研究所。这种联合方式，使上海硅酸盐研究所的科研成果迅速得到转化，也使德清电子器材厂由砖瓦窑发展成为一个技术密集型企业。到1983年时，双方已先后试产了19种单晶器件产品，实现赢利18万元。同年7月，德清县委、县政府与上海硅酸盐研究所，在德清电子器材厂举行了“科研生产联合体”的挂牌仪式，正式创办了首家科研生产联合体。

这次挂牌，让德清县在全国范围内成为企业自发向科研院所、高校寻求合作的开拓者，也带动县内的莫干山节能设备厂、升华集团、德华集团、浙江明泉工业涂装有限公司等企业，纷纷与上海、杭州等地的高校、科研院所建立了科技合作关系。

德清电子器材厂走“产学研结合”之路发展壮大企业的经验，引起国家有关部门和省委、省政府领导的重视。1984年，中科院党组书记严东生到德清调研时，把这种产学研相结合的方式称赞为“德清模式”，并且评价这是我国科技战线上的一项重大改革。1985年3月，中共中央印发了《关于科学技术体制改革的决定》。同年8月，省政府在德清县召开科技工作会议，对推广“德清模式”作了部署。当时，德清县共有160家工业企业与全国12所重点院校和33所科学研究机构以及上海、广州、杭州等19个大中城市的企业建立科研生产协作关系。1988年7月，时任浙江省委书记薛驹到德清电子器材厂视察科研生产联合体工作后，也在当年的全省科技大会上肯定了这种“产学研”联合发展之路的模式。

“产学研”结合的“德清模式”的诞生，是计划经济开始向市场经济转型的必然产物，它促使企业、院校、人才摆脱了计划体制的束缚，开始企业与院校、企业与专家的握手合作，这种“产学研”相结合形式，打通科技与经济之间的障碍，拉开了全国科研改革序幕。

然而，在“德清模式”形成的初期，企业与科研院所、高校开展的科技合作，基本上是由企业自发进行的，因而也不可避免地存在合作性质单一、范围不广等特点。对此，德清历届县委、县政府高度重视“德清模式”的实践和深化，把它作为提高企业自主创新能力、推动经济转型发展的突破口来抓，科技合作的体制机制、形式内容都得以拓展深化。合作的机制由企业自发向政府引导深化，由企业间合作、与周边院所合作向引进高端科研机构深化；合作的内容由围绕产品的合作向围绕产业转型、集群发展的产学研用协同创新深化合作深化；合作的形式由人才、技术、信息的单向接受型向双边互动型深化。

在不断深化提升“德清模式”内涵的同时，县委、县政府将科技与金融深度融合，初步形成了多元化、多层次、多渠道的科技投融资体系，为试创期、初创期、成长期、上市辅导期等不同成长阶段的科技型企业提供全链条的科技金融服务。与此同时，“产学研”的德清模式也逐渐发展成为政府引导、金融支撑的“政产学研金”模式。2003年11月，德清县财政出资200万元，由县科技局牵头吸引社会资本920万元，成立了全省第一家科技担保公司——德清县科技担保有限公司，为科技型中小企业搭建融资担保服务平台。2008年，德清县政府又出资设立科技创业投资（担保）有限公司。德清科技金融的大胆探索，得到科技部的充分肯定和推广，因此，2008年10月，全国科技金融结合的经

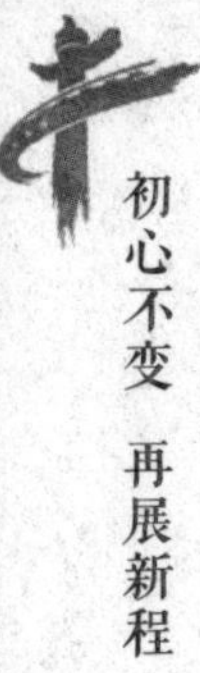

验交流现场会在德清召开。之后，德清又在全省率先成立了科技小额贷款公司和县域科技支行. 创新科技金融产品，进一步深化了两者的有效融合。通过加大“财政引投+基金创投”扶持，设立“创业投资基金”，为成长期企业提供“资本积累”的创新方式，吸引了中科院计算所、兰化所和中电集团21所、中国杭州建材研究所等一批一流科研院所来此设立科技创新研发机构。

“德清模式”从“产学研”向“政产学研金”发展得到了政府的推动和金融的支撑，也得到了时任浙江省委书记赵洪祝的两次专题批示。这种发展，既是市场经济体制不断健全的要求，也是服务地方经济转型的创新实践，2010年12月30日和31日，《科技日报》在头版刊发了《书记省长为什么关注“德清模式”》和《新“德清模式”——浙江区域创新体系建设调查报告》的文章。

2012年，为破解科研与生产“两张皮”导致的成果转化率不足，德清县成为浙江首个科技成果转化实验区。“德清模式”也逐步发展成为“产学研用金，才政介美云”模式，即把产业、学术界、科研、成果转化、金融、人才、政策、中介、环境、服务等十方面因素融合提升，打造一个创新创业的生态系统。2016年11月，科技部在批复浙江省建设国家科技成果转移转化示范区文件中指出，“发挥德清等特色鲜明地区的引导带动作用，促进科技成果转化与县域经济发展有机融合”。2017年9月，德清县以排名第一的成绩获批全省首批国家科技成果转移转化示范县。

“德清模式”经过三十多年的探索和实践，走在了全国科技创新改革的前列。对国家而言，“德清模式”的成功实践和广泛推广，不仅使科研与生产两者紧密地结合在一起，使高校、科研院所根据企业在生产、市场等方面的信息，及时确定科研开发重点，调整科技创新计划项目，并使各项科技成果及时地转化为现实生产力，还为我国技术开发类科研机构的体制改革创造了条件、积累了经验。对德清而言，“德清模式”的探索和实践，不仅为解决德清企业技术、人才缺乏、科技进步和发展等问题探索出一条成功之路，而且随着“德清模式”的不断深化创新，有效增强了德清的自主创新能力，推动了德清经济的转型发展和科技强县建设，推动德清获得全国科技进步工作先进县、浙江省科技工作先进县、浙江省首批科技强县等称号，为县域企业加快转型升级、高质量发展提供了有力支撑。

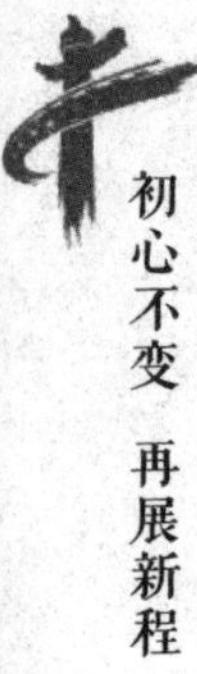

政协德清县第一届委员会第一次会议召开

人民政协是中国人民爱国统一战线的组织，是中国共产党领导的多党合作和政治协商的重要机构，是发扬社会主义民主的重要形式。1954年9月全国人民代表大会召开后，中国人民政治协商会议不再代行全国人民代表大会的职能。同年12月召开的全国政协二届一次会议通过《中国人民政治协商会议章程》，明确规定人民政协的性质是“团结全国各民族、各民主阶级、各民主党派、各人民团体、国外华侨和其他爱国民主人士的人民民主统一战线的组织”。《章程》同时规定，在市和有必要的县建立政治协商会议地方委员会。当时，德清、武康两县分治，人口较少，统战任务较轻，所以未设立政协机关，政协的有关工作职能由统战部负责行使。

1984年8月政协德清县第一届委员会第一次会议召开

党的十一届三中全会以后，随着经济体制改革的全面展开，我国社会主义民主法制迈出新步伐，政治体制改革在探索中稳妥推进，发展和完善中国共产党领导的多党合作和政治协商制度，成为我国民主政治建设的一项重要内容。1982年，中共浙江省委和嘉兴地委批准建立中国人民政治协商会议浙江省德清县委员会。但由于1982年正值国家实行改革开放后第一次政府机构改革，全国各地都在以“精兵简政”为原则，推行“革命化、年轻化、知识化、专业化”的干部队伍建设，因此县委决定筹备政协工作暂缓。但机构改革开展期间，县委结合机构改革工作做了筹备的基础工作。

1984年4月，经中共德清县委研究，决定成立政协德清县第一届委员会筹备领导小组，并正式开始县政协筹备工作。县委对政协筹备工作十分重视，分别召开了县级机关部、委、办、局分管组织人事的负责同志和区、乡、镇委的负责同志会议，具体部署了县政协的筹备工作，并运用各种宣传工具向党内外各界人士广泛宣传新时期爱国统一战线、人民政协的性质、地位、任务和作用。因此，县政协筹备工作得到了全县各级党组织和各系统、各单位领导和群众，特别是全县各界人士、无党派爱国人士的大力支持。

遵照全国政协章程的有关规定，根据省、市政协和省、市委统战部的指导意见，并参考兄弟县市的经验和做法，结合德清县的实际情况，县委确定首届政协人事安排的原则和方针是，由少到多、逐步扩大，上下结合，民主协商，集思广益，囊括一切，把德清县首届政协建成为具有广泛代表性、汇集各方面人才的爱国统一战线组织，确定县首届政协共有十六个方面人士组成：中国共产党、民主党派、群众团体、农民、商界、医卫界、科技界、教育界、文化新闻界、宗教界、少数民族、归侨侨眷、台胞台属、特邀人士等。并由县委组织部、统战部提议，通过同有关单位和党内外反复协商，委员的具体人选由组织部推荐党内人选，统战部推荐党外人士人选，最后由筹备组与两部共同研究协商决定。8月3日，县委召开了各阶层人士和县机关有关部门负责同志协商会议，确定了首届政协委员名单，共174名委员，其中共产党员38名，占委员总数的11.8%；非中共人士136名，占委员总数的78.2%，女委员39名，占委员总数的22.6%；大专文化程度的41名；高中或中专文化程度的55名；知识分子61名，占委员总数的35.3%。

为使各民主党派和无党派人士在国家政治生活中的积极作用进一步发挥，经中共德清县委讨论研究，决定召开政协德清县第一届委员会第一次会议。1984年8月21日，德清县政协一届一次会议在城关镇（今乾元镇）召开。参会人员还列席县人大第八届第一次会议，听取和讨论县人民政府的工作报告和其他报告。会议选举产生了县政协第一届委员会。

首届政协会议的召开，标志着政治协商制度在德清县的建立。通过新组建的政协组织，党不仅加强了与工商业代表人物的联系，也逐步加强了与少数民族代表、宗教人士代表和其他各阶层代表的联系。县政协第一届委员会成立后，遵循“长期共存、互相监督、肝胆相照、荣辱与共”的方针，按照政协工作要服从和服务于党的总任务、总目标的指导思想，围绕改革开放，积极开展政协的各项工作和活动。第一届政协十分重视提案工作，把提案列为关注地方经济、社会发展、关注民生、履行委员职责的重要途径。县政协第一届委员会共收到委员提案117件，其中，有74件提案被县委、县政府及有关部门采纳或部分采纳，占提案总数的63%。同时，县政协第一届委员会积极开展文史资料的征集、整理工作，组建了文史资料编辑委员会，并有计划地开展了县域内文史资料的搜集、整理、编辑工作，编辑出版了《德清县文史资料》。此外，县政协第一届委员会按照政策落实处理了36件在德清的省、市、县政协委员悬而未决的政策遗漏问题，对158名归侨、侨眷和港澳同胞亲属的档案进行了清理。

从1984年8月首届政协委员会成立至今，县政协始终牢牢把握工作大局，摆正位置、选准角度，加强自身建设，服从县委领导、争取县政府支持，很好地履行了政协的职能，完成了各项任务。

洛舍农民造出“钢琴之乡”

洛舍是一个典型的江南农业小镇。1984年，在乡镇企业蓬勃发展的时代浪潮中，洛舍乡决定创办一家钢琴厂。当时，全国钢琴年产量不到5000台，全国仅有4家钢琴企业，全都是国有企业。由于钢琴的生产工艺特殊、技术复杂，需要专业人才设计和制造，所以洛舍乡要组建钢琴生产企业，除需解决资金问题，更重要的是要解决技术人才问题。

2014年8月，“中国钢琴之乡”授牌仪式

1985年1月25日，德清县洛舍乡经济委员会高薪聘用上海钢琴厂何水潮等四位技术人员，创办了洛舍乡镇企业——湖州钢琴厂。约定给予每人一万元聘金、600元安家费和250至300元的月薪，待第一架钢琴试制成功后再发放2000元奖金，形成生产力后再追加百分之一的利润作为酬金。

3月13日，新华社《经济参考报》头版以“许以万金，挖走关键技术人员，人心思‘走’，危及钢琴正常生产”为标题对此事做了报道。此后，新华社《经济参考报》《光明日报》《文汇报》等国家级报纸，就德清与上海的人才竞争一事，在全国范围内开展了一场“希望开展怎样搞好社会主义竞争的讨论”。

面对《文汇报》《解放日报》《经济参考报》等报纸的片面报道，面对这场关于科技人才竞争的全国性争议，时任省委书记王芳、省长薛驹作出批示："认真调查此事。"《浙江日报》记者胡冠平、钟睒睒对洛舍从上海钢琴厂聘用四位技术人员的来龙去脉进行了详细调查，并写出了《他们为什么要离开上海钢琴厂》一文登载在《供省委参阅》第38期上，对根据上海钢琴厂单方面调查作出的片面报道进行澄清，实事求是地反映这四位技术人员离开上海钢琴厂、到乡镇企业干一番事业的真实思想，肯定他们的流向是正确的、合理的，不应当指责，而应当鼓励、提倡。1985年3月下旬，德清有关部门也对此事组织了调查，相应的调查材料寄给党中央、国务院和国家有关部委。

1985年3月27日，在上海闭幕的全国科技人员聘任制研讨会上，时任国家科委副主任滕藤指出："长期以来，我们的人事管理制度存在着统得过死的弊病，在有些部门和地区人才积压、浪费的现象相当严重。因此，人才合理流动是好事。"上海市副市长刘振元也说："上海开展人才合理流动的工作持续了好几年，已有数以千计的人才得到了流动，主流是好的。"4月19日，《光明日报》发表了滕藤和时任上海市副市长刘振元联合署名的文章《人才流动利大于弊，应该坚持》。与此同时，由上海市人事局主办的《人才开发》杂志也刊登了上海50位学者、理论工作者撰写的《对改革现行人才管理政策的意见》，提出了改革专业技术职务责任制、放开专业技术人员兼职、允许专业技术人员辞职，采取多种形式调剂余缺、改革人才管理体制等八项内容，这篇材料被列为上海市领导的重点调研课题。

5月9日，驻浙江光明日报社记者在深入调查的基础上，写出了《何水潮等离开上海钢琴厂的前前后后》一文，登载在《供省委参阅》第52期上，比较客观地叙述了这场人才"官司"发生的前因后果。为调解这场人才争议提出了公正的看法，对领导决策起了非常重要的作用。至此，这场惊动全国的争夺人才"官司"基本结束。

1985年10月，经过4位技术人员的努力，湖州钢琴厂自行设计、研制的"伯牙牌"131-A型和121-A型两种立式钢琴成功生产。12月21

日，这两款钢琴在杭州通过省级鉴定。当时，《光明日报》《经济日报》《中国乡镇企业报》《浙江日报》等多家新闻媒体都在显著位置作了相关报道。之后几年，湖州钢琴厂积极创新，作出了国内首创的选择性踏瓣等一系列改革，产品也飞渡重洋，远销美国。

虽然湖州钢琴厂因乡镇企业转制而解体了，然而由湖州钢琴厂培养出来的一批技术、营销、管理人员，在洛舍、乾元、武康等镇先后办起钢琴制造企业和配件企业数十家，基本上形成了集设计、制造、销售、培训、演出、文化于一体的钢琴产业链。2002年11月，德清县钢琴制造协会成立，德清的钢琴产业逐步迈入了蓬勃发展期。2003年9月，浙江德华钢琴公司与广州珠江钢琴集团有限公司合资成立珠江德华钢琴有限公司，成功开发出“罗宾自动演奏琴”，并形成各式钢琴及外壳配件等3万台（套）的生产能力，使德清县成为继“珠江”之后的全国第二大钢琴制造基地。

2007年9月，中央电视台国际频道（CCTV-4）连续多次播出时长20分钟的专题片《乡琴》。该片以洛舍镇钢琴业的发展为背景，深度报道了德清实施人才强县，着力推进全民创业的情况。2011年，洛舍钢琴文化产业园被列入浙江省文化产业示范基地。2014年10月，中国轻工业联合会和中国乐器协会经过联合评定和验收，将唯一一个“中国钢琴之乡”称号授予了洛舍镇。

2020年，洛舍镇共有钢琴制造及配件企业90余家，年产钢琴5万台左右，是“长三角最大钢琴制造中心”，并拥有“洛舍钢琴”区域商标，以及一批省、市著名商标和企业，产品出口欧洲、东南亚等几十个国家和地区，形成了独特的区域产业发展集群，也成为洛舍镇的特色产业和富民产业。

洛舍镇从一个小乡镇成为声名鹊起的“中国钢琴之乡”，是洛舍镇顺应了改革开放的浪潮，借助乡镇企业的异军突起，“无中生有”创办了一个行业。在这个过程中，离不开县委、县政府的正确领导和政策扶持，也离不开党中央及省、市对于1985年那场人才“官司”的正确定论和对全国范围内人才流动的正确引导。

以乡镇为单位的生态农业试验

党的十一届三中全会以来，广大农村实行了生产责任制，农民的生产积极性空前高涨，农业生产力迅速提高。但因农业长期生产结构单一，农村生活燃料严重短缺，导致资源衰退、生态环境恶化。局部地区滥伐、滥垦、滥牧现象，造成植被破坏、水土流失、草场退货、土地沙漠化，农业生态系统出现恶性循环。正如1982年全国农业书记座谈会指出的："现在农村如果出问题，很可能不是出在所有制问题上，而是出在自然环境、生态平衡遭到破坏上。"农村经济初步搞活后，如何使农业进一步稳定、全面地发展，使农业生态环境不断得到改善，逐步实现良性循环，已成为一个亟待解决的问题。为探索发展和保护之间的关系，1983年，国家科委下达浙江省"杭嘉湖中部平原生态农业综合开发技术研究"课题，作为国家科技攻关项目"太湖平原综合开发研究"的组成部分，旨在研究探索杭嘉湖地区在保持和发展农业生态系统生态平衡的基础上实现农业现代化的途径。1984年1月27日，"杭嘉湖中部平原生态农业综合开发技术研究"课题定点德清县。浙江省科委确定课题以浙江农业大学为主，浙江农业大学与德清县共同承担德清县试点及全县面上调研工作，共同开展试验研究工作。

为做好德清县生态农业综合开发技术研究工作，1984年6月，德清县生态农业研究办公室成立，隶属德清县科委。7月，在浙江省科委鉴证下，德清县人民政府与浙江农业大学签订"杭嘉湖中部平原生态农业综合开发技术研究"德清试验基点协议书，双方抽集各学科专业人员32人参加课题试验。根据德清试验基点协议约定，7月份以后，浙江农业大学组织浙农大有关专业的教师、研究生、大学生和德清县各部门的科技人员百余人，对全县（重点是水网平原区）的自然资源和农业生产作了初步调查，并对平原地区6个乡（澉山、士林、雷甸、禹越、洛舍、戈亭）和一个镇（新市）的农业生产——生产结构和环境生态等做了较为系统和调查研究，对其中152个农户的农业生态经济作了典型调查。通过调查研究，共形成专题报告和典型材料20篇30万字。在此基础上，通过课题全体人员与德清县有关部门代表的联合考察和反复评议，在征得德清县人民政府的同意下，确定了澉山乡为生态农业综合开发技术研究的试点，制定《杭嘉湖中部平湖生态农业综合开发研究德清点综合计划》。《计划》针对澉山乡在发展生态农业中种植业结构不够合理、传统的生态农业良性循环亟待保护与改革、农村经济和农民社会生活不适应现代化生态农业要求的现状，提出通过发展内容与方法，使生态农业在新的农村经济结构基础上、在发展商品经济增加农民收入的情况下，使农村经济和社会生活活跃起来，把澉山乡和德清县建设成具有较高生态效益、经济效益、社会效益的社会主义生态农业的新农村。1985年2月初，课题组在干山基点进行活动研究，定下23户农户作为生态农业试验对象户，从沼气这一环节打开突破口，开展链式试验。基点工作组协助澉山乡街后村根据当地生态资源，应用多层次良性循环的生态工程原理，以饲料喂鸡、鸡粪喂猪、猪粪沼气发酵、沼气孵鸡（鸭）和发电、沼气渣肥田为基本模式，兴办街后生态农业实验场。实验场有14亩饲料基地和试验地，鸡舍6间，猪舍15间，沼气池48立方米，哺箱3只（蛋容量为12000只），沼气发电机一台（功率1.5千瓦），育雏间2间（50立方米），将生态场生态系统的良性循环和生产系统的良性循环较好地结合来。

在生态农业实验场的影响和带动下，干山乡（现属钟管镇）专门成立养殖公司，指导全乡养殖业生产，负责组织全乡在生态农业指导下的养殖业和生产前生产后服务工作。而生态基点工作组则在生产中技术指导上密切配合。例如，干山乡下洋养殖场拥有一个360亩大荡，原来是一泓清水养鱼，每亩水面只产170多斤。1985年，在课题组指导下进行综合开发，饲养蛋鸭和肉鸭4000多只，肉鸡4200只，肉猪50头，鸡粪、猪粪、鸭粪流入荡内，促进浮游动植物的生长，水质变肥，亩产鱼量达600斤。

干山基点在重点抓好生态实验示范场的同时，选择了一批有代表性的生态试验农户，把立足点放在建设和优化生态系统结构与功能上。生态户陆凤山在原来的种粮、养蚕、养猪的基础上，1985年，兴建8立方米沼气池一只，将老式灶头改为省柴灶，新承包鱼塘6亩，一年的人均收比上年增加800多元。1986年，又饲养肉鸡800只，形成了饲料喂鸡、鸡粪喂猪、猪粪沼气发酵、沼气育小蚕、烧水煮饭，以太阳能热水器补充冬季热源，沼肥肥田，加上种桑养蚕的良性循环系统，该户即使在1986年上半年由于饲料价格上涨引起养殖业不景气的情况下，仅鸡猪两项在上半年就盈利近2000元，形成了稳定的经济收入。

随着生态场、户的覆盖面日益扩大，构成了自下而上建立生态农业的基础，各村都在发展有自己特点的综合生态农业。如干山圩村在生态试验户高寿林的带动下，饲养20头肉猪以上的有10户，全村全年共饲养600头，比全乡平均水平高出一倍。1985年起，在县委、县政府的领导和支持下，在全县范围内推广生态农业综合开发。全县不同地区根据生态农业原理，吸取干山乡基点的经验，或复制或参照实行某些环节实行综合开发，均取得了显著成效。如，城关乡卫星村大力发展肉用商品鸡和瘦肉猪，1985年农业和养殖业总产值达到122万元，比上年增加79%。

能源是农村生态系统的重要问题，能源紧缺影响农业生产，另一方面农业生产很多环节存在着严重浪费。为此，在县委、县政府的支持与领导下，基点工作组在街后村推广“德清民用省柴灶”，1985年，改灶率达92%。1986年，推广到全县，并通过县级普及省柴灶鉴定。同时，积极推广新式沼气池，完成沼气共育小蚕和推广拖拉机节油技术，在街后村形成了节柴灶、沼气、太阳能热水器、节油、节电的开源节流多功能互补能源系统，以街后村为中心的能源建设为生态农业打下了良好的基础。

发展乡镇企业是农村致富和以工促农的重要环节，调整和建设既能充分利用当地资源，又能保护环境的“生态工业”是基点的重要任务。课题组建点初期就配合干山乡人民政府创办麦芽厂、饲料厂。在课题组的帮助下，干山乡政府又办起了缫丝厂，扩大原有的织绸厂，组成茧、丝、绸、衣一条龙生产。课题组积极引进和繁殖了良种啤酒大麦浙农2号、3号，使全乡变成良种基地，也为麦芽厂提供配套原料。缫丝厂的兴办使当地珍贵的蛋白质蚕蛹得到充分收回，增加本地可靠的蛋白质来源，保证饲料厂的稳定生产，供应优质饲料，促进全乡养殖业（畜、禽、鱼）的发展。而养殖业的发展，必将带来种植业的丰收。丝绸厂所获利润按农民交售蚕茧的份额适当分配，促进了农民养蚕积极性，从而形成了全乡范围内的良性循环，为每况愈下的蚕桑业带来了新的生机，也为生态乡的建设奠定了良好的基础。1986年12月22日，浙江省科委、浙江农业厅在德清县召开了全省第一次生态农业典型经验交流会。

1987年起，德清生态农业研究把研究和建设结合起来，把干山基点研究和全县其他基点以及面上的研究结合起来，在城关、高桥、洛舍等乡镇建设副点或试验点。以饲料生产为突破口和纽带，以就地供应蛋白饲料带动种植业的改革，重点研究砖瓦窑氟烟尘治理、农村能源系统综合开发与调控、土壤增肥等内容。县委、县政府在课题组的协助下，进一步扩大生态场、户的覆盖面，完善产前、产中、产后的服务与购销系统。1988年10月，德清生态农业综合开发技术研究课题通过鉴定执行完毕。

历时六年的生态农业综合开发技术研究，县、乡党委、政府与课题组密切配合，把农村工作与生态户建设工作结合起来，通过生态户和生态场的示范作用，广大农民引进新的生产技术、生产项目、生产品种，不仅丰富了干山乡的当地市场，还支援城关及附近乡镇市场供应，取得了明显的社会效益。六年的努力探索，在干山乡试点组建的生态实验场，培养了一批生态农业示范户，在他们的影响带动下，干山乡实现了产业结构调整，在德清全县及邻近地区产生了较好的辐射影响。

莫干山文化艺术节的举办

党的十二大以后，改革开放全面展开，德清的工业生产得到了较快的发展，逐步形成以丝绸为主体，食品、机械、电子、化工、建材等为支柱的工业体系。1985年1月，国务院批准德清县为长江三角洲经济开发区对外开放县，外向型经济发展兴旺。20世纪90年代，全县的经济建设和社会发展也进入了一个崭新的阶段。为了进一步促进对外开放，提高德清的知名度，推动全县经济、文化和旅游事业的发展，提升全县经济文化整体素质，德清县筹备于1991年9月召开莫干山文化艺术节暨’91经济交流会（以下简称艺术文化节）。

县委、县政府高度重视艺术文化节，提出“文艺搭台、经济唱戏”的指导思想和“发展经济、繁荣文艺、促进旅游”的十二字方针，为了进一步开拓市场、引导消费、搞活流通、压缩三项资金，在文化艺术节期间举办商品交易会，并将其作为全县经济活动的一项重大内容和政府工作的一项重要任务。1991年6月，县政府成立艺术文化节工作领导小组并制定阶段计划，正式开始筹备工作。之后，领导小组下设办公室，建立了综合协调组、经济交流组、宣传文化组、后勤接待组、安全保卫组和旅游服务组。其间，领导小组召开四次会议，积极抓好宣传文化和商品展销准备工作。除在县内广播、电视台进行宣传，在城关镇和莫干山风景区主要地段悬挂宣传标语等外，更是广泛邀请县外报纸和电视台等新闻媒体发布莫干山文化艺术节相关主题信息。

1991年9月26日至30日，文化艺术节在德清县城关镇召开。其间召开新闻发布会，介绍德清概况及活动安排。9月27日，经济座谈会召开。会议邀请省、市有关部门及杭州、湖州、宁波、四川、安徽、湖南、江西、内蒙古、江苏等地友好县市和浙江省丝绸工学院、省建筑总公司等友好单位，以及经济界、科技界、文化界、新闻界等各界人士参加开幕式与经济座谈会，全县商业、供销、乡镇企业、工业、丝绸、二轻、物资、粮食、交通、城建、校办等系统的600多家企业参加商品交易会，设置了丝绸、工业二轻、乡镇3个地方产品展厅，300多家企业展出了1000余种极具德清地方特色的名优特新产品。

此次艺术文化节融文化艺术与经济交流于一体。在文化艺术方面，除了邀请上海歌舞团来德清进行专场演出，还组织了群众文艺表演13场次，参演单位60多个，同时吸引了30多个单位参加民间文艺表演；举办了3场丝绸时装表演和电影晚会；并举办了“德清风情”摄影展览、莫干山书画展、广告艺术灯展、“风筝、花卉、盆景”展，举行了《家住吴越山水间》乡土散文选印仪式。这些群众喜闻乐见的文艺活动，内容健康、形式多样，且具有德清地方特色，吸引了观众约10万人次，受到了本地群众和外地来宾的好评。在经济效益方面，吸引了10多个省区市的新老客户前来洽谈业务，五天的交易总成交额10135万元，回笼资金4800多万元，出口创汇265万美元。

艺术文化节这一项涉及德清全县各部门、各乡镇及全县人民群众的系统工程，规模之大，范围之广，都是前所未有的。可以说是新中国成立以来德清举办的内容最丰富的一次经济、文化盛会，展示了全县经济、文化的传统特色和基本实力，也对全县上下都产生了巨大的影响。来自报刊、电台、电视台的18名记者通过新闻媒介为其广泛宣传，提高了德清对外开放的知名度，扩大了德清对外经济、科技、文化交流，扩大了德清在江浙沪地区乃至全国及海外的影响，为进一步发展全县与全国各地经济往来打下了良好的基础。艺术文化节也推动了全县经济、文化和旅游事业的发展，凸显巨大的市场潜力，尤其是高档耐用消费品和日用消费品呈现出广阔的市场前景，这也推动了全县产业结构和产品结构的调整，让县委、县政府意识到，经济要持续、稳定、协调地发展，必须向市场适销型、资源低耗型、经济高效型方向发展。同时，艺术文化节促进了群众文艺活动的开展，满足了不同层次群众对文化盛会的需求，也抢救和挖掘了一批民间优秀文艺精华，培养和锻炼了一支规模较大的群众文艺队伍，活跃了广大群众的精神和文化生活。艺术节期间组织的莫干山一日游活动，让游客对莫干山留下了深刻的印象，为德清发展莫干山地区的旅游事业打下了基础。可以说，这次艺术文化节促进了社会主义物质文明和精神文明建设，也发掘和培养了一批经济、文化方面的人才。

经济交流为文艺添彩，文艺交流为经济增辉。艺术文化节运用德清拥有莫干山的地理优势和孟郊、沈约、俞樾等先贤的人文优势，在特殊时期办好了一场热情、安全、节俭的经济交流会，为莫干山提升了知名度，也为莫干山经济开发区的招商引资提供了平台，是既适应市场经济需要又符合文化发展规律的一次全新探索，是德清在经济与文化互相融合、互相借势、互相促进的一次成功实践。之后，德清以艺术文化节的举办形式为基础和参考，举办过莫干山登山节等活动，2004年，以“游子文化”为主题的首届游子文化节举办并延续至今，成为德清“经济搭台、文化唱戏”的一张新名片。

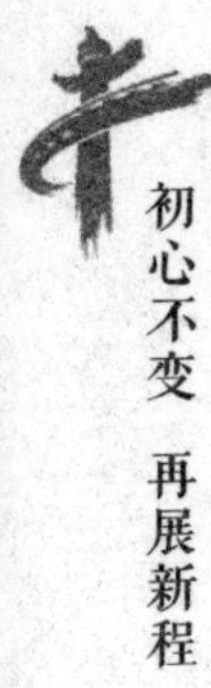

德清经济开发区的建立与发展

1985年1月，国务院将湖州市及德清县列为长江、珠江三角洲和闽南厦（门）、漳（州）、泉（州）三角地区经济开发区市、县之一。为加快改革开放步伐，加速德清经济发展，充分利用武康地区地理、交通、环境、资源等优势，德清县委、县政府于1992年4月向浙江省政府申请在武康镇建立“莫干山经济技术开发区”。同年7月，莫干山经济技术开发区（以下简称开发区）正式成立。

德清县经济开发区全景

开发区成立初期正值德清县城从乾元镇搬迁至武康镇之际，因而承担了开发区建设和新县城建设的双重任务：既要开展工业区、生活小区、城市街景、道路桥梁、水电通信、学校、医院及其他配套的建设，又要通过招商引资，引进内外资项目入驻德清。1992年8月，开发区全面开展“五通一平”[①]工作。至1994年底，德清经济开发区道路建设投资共1971.41万元，完成地下管道、泵站、立交桥、道路、桥梁等11项基本建设，区内4.5千米范围内达到“五通一平”标准。之后，开发区坚持对外、对内全方位开放，通过市场融资、土地经营、民资启动、企业

①即通路、通水、通电、通讯、通排水、场地平整。

化办园等方式，最大限度做活土地和资本经营文章，以解决园区基础设施建设资金不足的问题。1993年11月，开发区被省政府批准为省级开发区，进一步加快了全县外向型经济的发展。1995年起，开发区贯彻落实县委“三大战略”[①]“一路二化”[②]的工作思路，坚持开发区“三为主”[③]的方针，积极走与高校“联姻”、创办高科技产业园区的道路，广泛吸引资金和项目。

随着县治搬迁工作的逐步到位，1998年，县委出台《关于调整莫干山经济开发区管理体制的若干意见》，将开发区承担城市建设功能剥离出来，转为以城北新区为主战场，启动工业开发，开展招商引资和项目推进工作。到1999年，开发区已有华莹电子公司、佐力药业有限公司、荣盛电器公司等一批高新技术企业落户开发区，同时，德胜木业等一批新项目也相继引进，使开发区走出一条内涵式发展与外延式发展相结合的新路。

迈入21世纪后，杭州行政区域调整和经济结构的重大调整、产业“退二进三”[④]和全力打造“天堂硅谷”的发展策略，给德清带来了重要发展机遇。德清充分利用与杭州接融“零距离”的先天区位优势，主动承接杭州产业梯度转移。高新区更是在招商引资方面抛出许多优惠政策，承担起全县招商引资主战场的职责。2001年，开发区进一步加大基础设施建设投入，投入6000万元形成“三纵三横”的初步道路框架，使得基础设施得到较大改善。随着路网、供水、供电等设施建设的加快推进，绿化、亮化配套设施也得到不断完善，为招商引资提供了良好的硬件基础。2002年起，开发区主动接轨上海，融入杭州大都市经济圈，积极参与长三角地区合作与交流，并围绕“开放带动、接轨沪杭”战略和“强工业”工作重点，努力克服资源短缺、要素制约的宏观调控严峻局

①规模型经济发展战略、开放型经济发展战略、科教型经济发展战略。

②道路建设和绿化、亮化工程建设。

③以引进外资为主，创办高新技术产业为主，发展出口创汇为主。

④退出工业性的二产，发展第三产业。

面，全面推进开发区建设。到2004年底，逐步形成了新型建材、汽摩配件制造、机械电子、竹木制品、休闲用品、食品加工、医药化工等八大主导产品特色，初步体现产业集聚优势，并首次迈入省级开发区十强行列。

2005年，面对国家宏观调控带来的影响，用地控紧、银根收紧、能源供紧、环境趋紧的经济“紧运行”成为开发区建区以来最严峻的考验。开发区主动适应新形势，整合区内土地资源，通过“腾笼换鸟”，实现了集约式、产业链招商，大力实施县委、县政府“项目推进年”活动，全力开展项目推进工作。同年12月，开发区经国家发改委审核，更名为德清经济开发区。

2007年6月，县委、县政府对开发区的管理体制进行了调整，将武康镇的8个行政村划入开发区管辖，行政区域调整为43.8平方千米。开发区工作也从单纯的招商引资，转变为以招商引资为主，结合企业管理和新农村建设。在持续推进新农村建设，深化农村“五化”[①]的同时，当年起，开发区的招商引资也调整为“招大商、进大资、入大项”，着力引进产业链长、带动性强、技术含量高的“大、好、高”项目。为积极应对国际金融危机和国家宏观调控紧缩，德清县制定了《开发区企业增资奖励办法》《加快开发区工业经济发展考核鼓励办法》等一系列政策，鼓励企业扩大投资、加大技术创造和技术创新力度，加大企业转型升级力度，实现工业总产值持续增长，并形成以生物医药、机械电子、精细化工、新材料和新能源等为主的特色产业，成为高新技术产业发展的示范区。2010年6月，经浙江省人民政府批准，开发区增挂省级高新技术产业园区牌子。同年，开发区全面实施“东进北拓”战略，将高速公路以西的秋北区块3000亩纳入三年建设规划，并完成《德清经济开发区“十

①即硬化、亮化、绿化、净化、美化。

二五”发展规划》，提出了“十二五”期间“343”战略体系[①]。2012年8月，浙江省科技厅批准同意德清县建立全省首个科技成果转化实验区，由开发区主要承担实验区的建设和运作。

开发区自成立以来的二十多年里，受到县治搬迁、全球金融危机、接沪融杭等重大事件和政策的影响，经历了城市建设为主、结合工业开发，工业开发为主、推动招商引资和招商选资、转型升级这三个重要的阶段，在德清新县城的建设和发展中起到了重要的作用，逐步形成了生物医药、装备制造、电子信息为主导产业，休闲用品、新材料、新能源产业等发展迅速的良好发展状态，为德清县域经济的发展提供了重要助力。2015年2月，经省政府批准，开发区更名为湖州莫干山高新技术产业园区，并于同年9月经国务院批准，升级为国家高新技术产业开发区，成为全国第三个属地在县区的国家高新区。

①“343”即三大定位、四个导向、三个转型。三大定位：接轨沪杭先行区、高新产业集聚区、低碳发展实践区；四个导向：产城联动、科技策动、设施推动、开放带动；三个转型：从单一工业园区向工业区与新城区融合发展转型、从先进制造业向高新技术产业集聚转型、从资金密集投入向要素集约综合利用转型。

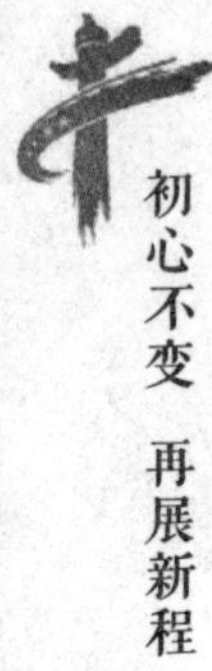

县治从城关迁至武康

20世纪80年代起，德清县的乡镇企业异军崛起，全县经济迅速发展。然而，当时德清的县城城关镇虽地处全县中心，但四面环山，河道夹杂包围，且公路交通十分落后，仅有通过武康镇的104国道通入，县城的发展与建设已成为摆在县委、县政府面前的新课题。对此，县委、县政府萌生了县治搬迁的想法，并开始了调研工作。在调研中，县治搬至武康镇的呼声逐渐响起来。武康镇地处于沪杭甬大城市的中心，有104国道与杭宁铁路纵贯全镇，交通发达，而且离闻名天下的莫干山风景区仅15千米，旅游资源丰富，地理位置十分优越。镇内地势开阔、国

1994年5月17日，德清县委县政府新址挂牌仪式

道以东是一片平原，水网较少，适宜建设大规模城区，而且当时县内西部地区发展落后，如果武康成为中心城镇，也可带动西部地区的发展。1986年12月27日，德清县委、县人大及县政府组织人员对武康镇进行实地察看并就县治搬迁进行开会讨论。会上，参会人员一致认为县治搬迁利大于弊，是一个有利于振兴德清经济的长远决策，实施宜早不宜迟。

1987年1月3日，德清县委召开会议并提出《中共德清县委关于县党政机关迁址武康镇的建议》，提请县委全体会议审议。当天又召开中国共产党德清县第六届委员会第三次会议，对《建议》进行了认真讨论，并作出了《关于党政机关迁址武康镇的决议》。随后，对县城搬迁问题交县政府全体会议讨论，并听取党外人士和群众团体的意见。同年6月，县政府将《德清县党政机关搬迁武康镇的可行性报告》（以下简称《报告》）上报县人大常委会审议。7月，县人大常委会讨论通过《报告》，随即县政府将《报告》上报湖州市人民政府审批。10月，中共湖州市委召开常委会议专题讨论德清县治搬迁报告，会议同意德清县城搬迁至武康镇，随后，湖州市人民政府向浙江省人民政府报告《关于要求将德清县县级机关驻地从城关镇迁至武康镇的请示》，省政府办公厅、省民政厅派专人到德清县就有关县城搬迁问题进行专项调查。

县治的搬迁牵一发而动全身，将对德清的发展产生重大的影响。从开展县治搬迁的调研起到县委、县政府作出搬迁决定，历经数年，正是由于兹事体大。此外，还有严重影响县治搬迁的两个重要因素，一是当时武康镇地广人稀，常住居民户口仅有万人左右；二是县治搬迁涉及新县城的建设发展，需要不小的资金支撑。因此，在县治搬迁审批期间，县委、县政府积极组织领导班子和有关科局负责人前往昆山、浦东、川沙等地进行学习考察，并由此加强了对党的开放政策的理解，更加深入地对比分析了德清发展的状况，明确了县治搬迁的决心，并作出招商引资、以经济开发带动和加速县城搬迁的决策。正在此时，县委、县政府得知了浙南的新华机器厂、红旗机械厂和浙江仪表厂三家企业（以下简称三线厂）因改革开放后国防工业实行“保军转民”“以民养军”方针而

县治搬迁20周年新景

打算搬迁的消息，认为三线厂搬迁至武康，不仅有助于德清县域经济的发展，而且带来的职工与家属就有几千人，可以快速增加武康镇的人口，因而果断作出引进三线厂落户武康镇的决定。经过县政府三线厂考察团、代表团与三线厂的多次沟通，1990年12月7日，县人民政府与省军工局签署了三线厂搬迁至武康的协议。

如果说三线厂的入驻对县治搬迁工作而言是旗开得胜，那么经济开发区的成立对县治搬迁更是如虎添翼。1992年7月，浙江莫干山经济开发区成立，主要开展县城建设和招商引资工作。随后，现代丝绸城、浙江东方冠丝绸集团等一大批国内外投资项目陆续落户武康，火车站、县医院、体育中心、县级中心小学、万吨水厂、万门程控电话、11万伏变电所、“三经三纬”道路工程等一批基础设施也相继开工和投入使用。

就在搬迁工作和新县城建设紧锣密鼓开展之时，县治搬迁也终于迎来了上级政府的批复。1993年4月，浙江省人民政府向国务院提交了《关于要求将德清县人民政府驻地由城关镇迁至武康镇的请示》。同年11月，中华人民共和国民政部作出《关于浙江省德清县人民政府驻地迁移的批复》，指出“经国务院批准，同意将德清县人民政府驻地由城关镇迁至武康镇。搬迁经费自行解决。”当月，莫干山经济开发区也被省政府批准为省级开发区。这两条利好消息大大增加了入驻德清企业的投资信心。

县委、县政府根据国家民政部的批复，认真研究制订了《县级机关搬迁武康镇的实施意见》，决定对县级机关各部门实施分批搬迁。其中，县委、县人大、县政府、县政协四套领导班子及公安、财政、民政等部门第一批迁移，经济部门创造条件逐步迁移。1994年5月17日上午7时半，城关镇的县级机关大院举行了卸牌仪式。当天上午10时，在武康镇永安街158号县级机关大院内举行县城搬迁和挂牌仪式，历时8年的县党政机关顺利搬迁。

县治搬迁，为德清的发展提供了良好的新舞台，提供了一个更加宽松的环境，增添了强劲的发展动力。其间，武康的城区面积从0.6平方千米扩展到17.8平方千米，户籍人口从6000人增长为12万，莫干山工业区升级为国家高新技术产业开发区，城市路网交通逐渐完善，公共设施相继诞生，人文环境越加优化。26年来，德清县被授予省级体育强镇、省级教育强镇、全国文明县城、国家科技成果转移转化示范县、国家级卫生县城、浙江生态镇、全国环境优美乡镇、全国经济实力千强乡镇、省级转型升级示范镇等荣誉称号，平安德清建设实现“十四连冠”“五水共治”夺得大禹鼎“银鼎”、2018年11月19日至21日，首届联合国世界地理信息大会在德清召开，2020年11月，德清以全国第一的排名被授予全国文明城市……目睹今日之景，追溯往日之事，26年前的县治搬迁，让武康从一个浙北小镇渐渐成长为现代化生态型中等城市，成为镶嵌在杭沪大都市经济圈中创业创新之城。一个历史古老而现代年轻、文明进步而经济发达、环境优美而社会和谐的天堂已经展现在我们面前。

多年稳居全国百强县行列

1988年，当改革开放进入第10个年头，许多深层次的矛盾日趋尖锐，已成为我国进一步改革所面临的突出障碍。德清的情况也是如此。1989年11月上旬，中共十三届五中全会根据全国政治、经济形势，作出了关于进一步治理整顿和深化改革的决定，决定从1989年算起，用三年或者更长的一些时间，基本完成治理整顿任务。德清县紧随着全国治理整顿和深化改革，实现了经济持续平稳较快增长，社会总体保持和谐稳定。其后，多次迈入全国百强县阵营。

1992年，德清经过三年治理整顿取得了较好成效，全年国内生产总值13.28亿元，比上年增长25.25%，其中第三产业增加值3.03亿元，增长22.76%，国民收入11.46亿元，增长27.46%。1994年1月，国家统计局对全国1992年县域社会经济统计资料进行测算并发布了第二届全国县域社会经济发展综合指数前100位县（市、区）（以下简称“全国百强县”）的排名，德清县排名第七十位，首次迈入全国百强县名单。

1994年，全县实现生产总值32.13亿元，比上年增长28.1%，其中：第二产业增加值18.83亿元，增长31.18%，第三产业增加值7.3亿元，增长39.4%。全县工农业总产值79.44亿元，比上年增长45.79%。1995年，国家统计局对全国1994年县域社会经济统计资料进行测算并发布了第三届“全国百强县”名单，德清县第二次入围全国百强县，排名第六十二位。

然而，德清的强县之路并未因两次进军百强而变得一路通途。数据显示，1993年，全县工业总产值为51.63亿元，当年丝绸行业完成工业总产值18.93亿元，出口创汇占到全县80%以上。1997年，德清在和义乌、东阳、长兴和安吉等县市对比中，工业总产值倒数第一；国内生产总值倒数第二；职工人均工资倒数第二；固定资产投入倒数第二。1998年3月31日，全国缫丝压台拆机第一锤砸在钟管第一丝厂，德清县的传统工业遭受了打击，德清经济一度跌入了低谷。

知耻近乎勇。一组组数据对比让德清的决策者意识到德清需要解放思想，让德清的企业家们意识到德清需要转变观念，也让德清的群众意识到德清需要奋起直追。从1998年到2013年，德清连续开展了十四次解放思想大讨论。其中1998年至2007年的九次大讨论尤为关键，让德清人民的观念从小富即安转变到一心谋发展、一心大发展，让德清在各条战线上奋起直追，捷报频传。之后，国家统计局对全国2000年县域社会经济统计资料进行测算并发布了第四届“全国百强县”名单，德清排名第九十三位。通过工业结构调整，曾跌入低谷的丝绸业实现了扭亏为盈，生物化工、机械电子、新型建材、粮油食品成为德清的主导产业。

2001年，德清人喊出了“融入杭州”。特别是木业制造、青虾养殖在当年的崛起，使德清的工业和农业全都添了亮色。在那一年的“全国百强县”名单中，德清奋勇赶超，列第五十九位。

2002年8月，浙江省十七个扩权的县（市）里没有德清。当年，德清大胆地提出了“赶超十七强”“加快德清经济社会发展”。在那一年的“全国百强县”名单中，德清跃升至第四十八位。

2003年，德清积极实施“开放带动、接轨沪杭”战略，扎实推进“强工业、精农业、扩城市、兴三产”四个工作重点，全县经济、社会发展继续保持良好势头。当年，德清县实现生产总值86.02亿元，财政总收入10.15亿元，工业总产值235.57亿元，农村人均纯收入5716元，社会消费品零售额26.99亿元。在那一年的“全国百强县”名单中，德清县名列第四十五位。

2004年，生物医药、新型建材、新型纺织、特色机电四大主导产业逐渐发展壮大，德清的工业经济再次实现了飞跃。当年，全县生产总值达105.3亿元，人均GDP突破了3000美元，全县财政总收入实现12.3亿元。

在那一年的“全国百强县”名单中，德清县第七次上榜，排名跃至第三十六位。

2005年，在激烈的市场竞争中，德清第八次闯进百强县行列，排名第三十九位。值得一提的是，在浙江30个进入百强的县市中，德清列第十七位，“赶超十七强”取得历史性突破。这一年，德清县相继获得了国家级生态示范区、国家级卫生县城、全国科技工作先进县、全国体育先进县、全国文化先进县、浙江省示范文明城市、浙江省首批小康县、浙江省平安县、浙江省首批教育强县等称号，有8个乡镇进入全国千强乡镇行列。

从1992年德清县首次迈入“全国百强县”行列，到实现“赶超十七强”，德清先后八次跻身全国“百强县”行列，标志着德清县域经济社会综合实力持续增强，城乡居民生活水平逐年提高，标志着德清县成为浙江省乃至长三角地区极富活力和潜力、独具发展优势的地区之一。

首次公开选拔副局级领导干部和公开推荐优秀中青年干部

为增强干部队伍的活力，在邓小平南方谈话精神指引下，中共浙江省委和各级党委在改革干部人事制度方面加大了探索的力度。1993年5月至8月，省委进行了改革开放以来第二次以“双推双考”（即组织推荐与群众推荐相结合，考试与组织考察相结合）方式公开选拔副厅级以上领导干部的试点。为贯彻落实党的十四届四中、五中、六中全会精神，积极推进干部人事制度改革，拓宽知人选人用人渠道，改进干部选拔任用的方式和手段，让更多的优秀中青年干部脱颖而出，壮大优秀中青年干部队伍，为加快德清县改革开放和经济建设步伐提供强有力的组织保障，1997年，中共德清县委决定在全县范围内公开选拔一批副局级领导干部，并广泛开展公开推荐优秀中青年干部工作。

1997年5月6日，县委印发《关于公开选拔副局级领导干部和公开推荐优秀中青年干部的通知》，公开选拔5名副局级领导干部分别担任县科学技术委员会副主任、县教育委员会副主任、县对外经济贸易工作委员会副主任、团县委副书记、县文化与体育局副局长。此次“选拔”和“推优”充分体现了坚持干部队伍“四化”方针和德才兼备原则，只要是政治素质好、具有担任相应职务所必备的组织领导能力和专业知识、有较好的群众基础和工作业绩、年龄40以下、具有高中以上文化程度、参加工作3年以上，均可被推荐公开选拔副局级领导干部。同时，“选拔”和“推优”程序非常严格，分民主推荐、考试考核（初审、笔试、考核、面试）、选拔任用、综合运用四个阶段七个环节。

当日，全县公开选拔副局级领导干部和公开推荐优秀中青年干部动员大会同时召开。全县各乡镇党群副书记、组织委员，有关企事业单位党组织负责人参加了会议。动员大会后，整个“选拔”和“推优”工作在全县各地有序展开。经过半个多月的广泛宣传发动和民主推荐与个人自荐，全县首次公开选拔副局级领导干部和公开推荐优秀中青年干部的报名政审工作结束。全县共有809人报名或被推荐参加公开选拔副局级领导干部和公开推荐优秀中青年干部。经过初审，762人有资格参加公共知识和专业知识笔试，其中有600人参加了在德清一中举行的公开选拔和公开推荐笔试。作为选拔、推优活动过程中重要环节的笔试环节，试卷由上海有关方面出卷、送卷和阅卷，整个考试过程极具公正、公平性。

6月12日，全县公开选拔副局级领导干部和公开推荐优秀中青年干部笔试成绩揭晓，按综合成绩从高分到低分确定每个岗位前10名为公开选拔副局级领导干部的考察对象；凡公共知识笔试成绩在60分以上、年龄在35周岁以下者，均列为优秀中青年干部的考察对象。在此基础上，县委组织部抽调36名同志组成18个考察组，对5个岗位的51名同志和334名推优对象，进行了为期一个多月的组织考察。根据考察情况，择优确定每个岗位6名同志参加面试。在经过初审、笔试、考察、面试和综合分析后，5个岗位的干部人选脱颖而出，按组织程序提交县委常委会议讨论后正式公布。

在县委统一领导和部署下，全县选拔和推优工作从1997年5月开始，至8月结束，历时三个月。整个选拔过程中，笔试、面试的筛选，均承认分数的杠杆作用，从高分到低分录取。整个选拔和推荐工作中始终坚持公开的原则，职位公开、条件公开、选拔工作的程序公开、结果公开，打破任用干部资历、职业的种种界限。这些做法，得到了社会好评。

在1997年取得成功的基础上，以后又开展过数次副局级领导干部公开选拔工作。此外，县委对干部考核、考察、交流、监督以及能上能下等管理制度也陆续推开，干部制度改革开始从单项突破向整体推进发展。

民间设奖　推动道德高地建设

人有德行，如水至清。德清历史悠久、山水毓秀、人文荟萃，自古以来留下许多脍炙人口的德行善举。改革开放后，全县人民精神文明建设逐渐进入了新时期，道德模范人物和先进事迹更是层出不穷。其中，德清百姓自发形成的“民间设奖、奖励百姓”热潮，经过多年发展，已然成为“道德高地”的“金字招牌”。

1997年，武康镇太平村（现属舞阳街道）农民马福建在村里耳闻目睹了一些子女不愿赡养老人的纠纷，决定拿出做生意挣的一万元钱设立“孝敬父母奖”，奖励县内孝敬父母的优秀村民。他的举动带动了其他有志回报社会之人，县内陆续出现了“正良外来人员风尚奖”“志国拥军奖”“溪水交通安全奖”“天荣环保奖”“立玲残疾学子励志奖”“燮荣见义勇为奖”“松芳助人为乐奖”等76个民间自费的设奖项目。这些民间设奖者均来自工人、农民、机关工作人员等普通群体，获奖者也同样是身边的平民阶层。民间设奖通过敲锣打鼓、佩戴大红花、张贴红榜等最朴实的颁奖方式，依托“群众设、群众选、群众评、群众学”的连锁效应，让群众感受到“感动就在身边”。值得一提的是，这些自掏腰包设奖的民间设奖者也是“德行善举”的引领者和示范者，设立“热心市民奖”的钱素春获得过全国道德模范提名奖；设立“孝敬父母奖”的马福建被评为全国十大公益之星；设立“残疾学子励志奖”的钱立玲被评为全国拥军模范；设立“诚实守信”奖的蒋引娣获得“浙江省诚实守信道德模范”荣誉称号；设立“松芳助人为乐奖”的陆松芳老人获得了“全国助人为乐道德模范提名奖”。民间的道德榜样起了很好的示范和辐射作用，通过他们的示范和引领，德清涌现出越来越多的“德行善举”。

“百姓设奖，奖励百姓”的方式，强有力地调动了广大群众参与精神文明创建活动的热情，激发了蕴藏在群众中的创造力。德清县委、县政府在积极宣传引导的基础上，注重规范指导，通过各种渠道扩大知晓度，形成社会正面舆论。2006年，全省首家民间自费设奖协会在德清成立，德清县专门设立民间设奖管理小组，指导民间设奖协会制定统一章程，对民间设奖进行指导、规范、培育、扶持。2007年9月14日，央视《新闻会客厅》对此做了专题访谈，在全国引起强烈反响。2008年，德清民间设奖的经验被省委宣传部评为2007年度全省基层宣传思想工作“三贴近”创新奖。2009年，德清县建立了全国第一个展示道德模范人物的“德清县公民道德教育馆”。以“人有德行，如水至清”为主题，用文字、图片和实物的形式记载宣传德清人文道德传统、道德善行、道德模范人物及先进事迹等内容。同时，县委、县政府积极组织新闻媒体，及时宣传民间自费设奖、评奖的有关活动，吸引新华社、《人民日报》、中央电视台、《浙江日报》等中央、省级主流媒体对公民道德建设的德清现象进行了聚焦报道，形成了特有的“德文化”地域道德文化品牌。除此之外，针对农村群众公民思想道德素质、科技文化素质呈现多方面不平衡的状况，德清县积极实施“讲道德”系列工程、“走读爱”未成年人道德养成、身边好人评选等活动，营造了浓厚的创作氛围。越剧《德清嫂》、微电影《德清若水》、电影《守》、报告文学《一百年的暗与光》、小品《拍电影》等反映“德文化”的文艺文学作品，以小品、歌舞、说唱、快板、相声等文艺形式进行文明道德宣传，文艺作品辐射10万人次。

德清县推进公民道德教育的经验，引起了浙江省委领导的重视和肯定。2011年9月1日，时任浙江省委书记、省人大常委会主任赵洪祝视察了德清公民道德教育馆，并亲切会见了道德模范陆松芳、钱素春、蒋引娣。在观看“敬业之道、爱家之德、立人立品、乐善之行”等展区时，他高度赞扬了道德模范们的凡人善举。“县因溪而尚其清，溪亦因人而增其美。”良好的社会道德风尚，是德清人一直追求的目标，传承美

德清县公民道德馆开馆

德，不忘初心。

推进国家治理体系和治理能力现代化，要解决好价值体系问题，而现代化的国家治理必须有现代化的文明形态与之相适应。民间设奖走过了二十多年，道德的接力棒一棒接着一棒传递，在精神和物质层面的影响力逐渐放大。到2020年11月，德清县群众共自发设立76项草根奖，奖励各类先进典型10000余人，奖励金额超200万元。德清百姓自发形成的“草根奖”，塑造了小人物大境界的“道德群像”，为推动社会主义核心价值观、全面建设现代化城市提供了坚实的道德支撑和强大的精神动力。文明接力棒的传递让文明新风融入千家万户，2020年11月，德清被授予第六届“全国文明城市”荣誉称号。

全国缫丝压锭第一锤

德清地处被誉为“丝绸之府”的杭嘉湖平原，缫丝业是其重要传统工业，早在1914年，县内就出现第一家缫丝厂。新中国成立前，德清缫丝厂曾年产白厂丝700担，外销法、美等国，但因战乱而几经停工波折。新中国成立后，德清缫丝业逐步恢复。到1978年前，全县共有4家国营丝厂、7家省定点乡镇丝厂。1984起，德清县委、县政府根据中央加快发展乡镇企业的精神，制定了加快乡镇企业发展与改革的具体措施，由于缫丝业技术含量低，生产的白厂丝出口利润高，效益好，因此雷甸、洛舍、钟管等原有缫丝业的各乡镇、村纷纷兴办缫丝厂，短短十余年间，缫丝厂数目迅猛增加。到1997年，全县缫丝企业已达到117家，拥有缫丝机11636台。值得一提的是，德清缫丝企业的迅猛发展并非偶发现象，在同一时期，苏、浙、皖等蚕茧主产区缫丝企业的数目都在快速增长。

各地纷纷发展缫丝企业很快就带来一个原料不足的问题。蚕茧是丝绸工业的原料，是持续、稳定、协调发展丝绸工业的基础，但由于蚕茧售价为国家统一，且价格并不高，如1998年的茧棉粮比价[①]为1∶11.25∶1.3。所以尽管全国各地缫丝企业迅速发展，但各地的蚕茧生产并未大幅度地提升，甚至在有些年份还有减少。以德清为例，在1988年左右，全县全年需茧40万担，但木县生产的蚕茧只有这个量的1/3左

①同一市场同一时间蚕茧、棉花与粮食收购价格之间的比例关系。在土地资源有限的条件下，三者之间存在着争地、争肥、争劳力的问题，茧棉粮比价不仅直接影响茧农、棉农和粮农的生产收益，还会对蚕茧、棉花和粮食的生产产生重要影响。当茧棉比价过低时，茧农收益下降，蚕桑种植面积减少，蚕茧供求矛盾便更加突出。

右，原料不足的缺口十分大。由于国家在1983年出台“取消丝绸出口配额和蚕茧派购计划”的新政，1985年1月，浙江省政府发文取消蚕茧由国家统一收购（派购）的政策。到1986年9月，国家又提出改革蚕茧经营体制，推行允许丝厂直接收购蚕茧的经营方式。各缫丝厂为了生存和发展，便千方百计找蚕茧。因此，从1987年始，在杭、嘉、湖、苏蚕茧主产地区的省与省、县与县，甚至乡与乡毗邻交界地段，掀起了一股抢茧风潮，引发了争购、抢购蚕茧的“蚕茧大战”，而德清则是其中一个重灾区。

敲响全国缫丝压锭第一锤

“蚕茧大战”使一些蚕农增加了收入，一些抢购、倒卖蚕茧的单位和个人赚了钱，但是由此引发了丝茧价格倒挂，增加了丝绸企业的成本，减少了财政上缴；出现以次充好、以湿充干等现象，造成蚕茧质量明显下降，影响了优质产品的生产，造成资源浪费；一些拥有先进设备的国营丝厂因原料不足而停工停产，造成先进生产能力的浪费，给丝绸行业带来了巨大的损失。1994年，德清县除5家国有企业和14家乡镇企业白厂丝品位在2A左右外，其他都在B级以下，甚至无等级，70%以上的小丝厂设备简略，缺乏科学技术，没有严格的质量检验。丝绸生产秩序被扰乱后，随之而来的是全县丝绸行业全面亏损。1995年，德清县丝绸工业全年净亏损8000万元，成为当时德清县最大的亏损行业，并导致德清县工业经济效益大滑坡。与此同时，“蚕茧大战”期间，德清县、乡政府抽调大批干部和公安、工商、物价、税务、监察、蚕丝委等部门，组成制止“蚕茧大战”工作组，打击非法收购的茧贩子，维持蚕茧收购秩序，有些乡镇一年至少有5个月在应对“蚕茧大战”，耗费了大量人力、物力、资金，也造成了紧张的干群关系，一些地方和单位多次调价，让农民产生“政策多变”的印象，政府的威信和国家价格政策的严肃性也受到了影响。

1998年3月13日，全省茧丝绸主产区县市领导会议在杭州召开，提出要彻底改变浙江省茧丝绸行业存在的粗放型经营、低水平重复、缫丝绢纺生产规模过大的状况，进一步深化改革，实施全面整顿压缩缫丝加工能力的结构调整战略，并确定德清、桐乡、余杭三县市为缫丝行业整顿的试点。

在全省层面上看，当时全省拥有缫丝机54424台，核准保留31230台。德清、桐乡、余杭三试点县市的拆机总数为12040台，其中德清压台拆机的数量为6164台，占三个试点县市的一半以上。结合德清实际，德清共有11636台缫丝机，压机率占54.9%，随之而来的还有2万多名缫丝企业职工下岗失业、企业历史性债务和农民集资款等问题。可以说，任务是非常艰巨的。而对上述诸多困难，德清县委、县政府逐步理清“丝”路，碰硬攻坚。为了统一思想认识，县委，县政府先后召开全县性动员大会三次，18个蚕桑生产乡镇和县有关部门领导工作会议三次，并由县长、分管副县长带队深入四个重点乡镇面对面协调工作四次。同时，利用广播、电视、报道等宣传工具，加大整顿压台拆机的宣传力度，做到家喻户晓。

在被确定为试点县的第七天，德清县政府召开由乡镇部门主要负责人参加的德清县整顿压缩缫丝加工能力工作会议，会议要求各乡镇建立工作班子，乡镇一把手任组长，并明确压台拆机阶段目标任务，一级抓一级，一级对一级负责，号召全县上下统一思想，顾全大局，切实做到政令畅通、有令即行、有禁即止，使整顿压缩缫丝加工能力这一工作有序、稳妥、积极推进。与此同时，依据省政府的统一布置下，这次整顿压台统一了政策。县人民政府明确规定，对拆除并上交成套缫丝机台给予适当补助，补助标准为每台缫丝机5000元。明确补贴款一律补到乡、村和企业，首先兑现拖欠职工工资，其次按集资款比例兑现到个人，同时考虑偿还银行贷款。各乡镇、村做了大量细致工作，有力地化解了矛盾和各种困难，做到了既完成压台拆机任务，又确保社会稳定。

1998年3月31日，全国缫丝压锭第一锤在德清县钟管镇第一丝厂落下。上午10时40分，时任国家茧丝绸协调小组办公室主任戈辉、副省长叶荣宝、副市长黄萌、县委书记鲁善增四人将四把大铁锤授给拆机工人，随着拆机工人铿锵有力的抡锤声响起，钟管第一丝厂的缫丝机结束了它的历史使命。这标志着全国整顿压缩缫丝加工能力的硬仗正式开始。加工能力整顿压缩工作，关系到丝绸行业整体结构调整的成效。在全面整顿压缩缫丝加工能力攻坚战中，德清县委、县政府思想认识一致，政策措施到位，上下合力，在短短6个月内拆机6388台，超额完成了省政府下达的6164台目标任务。4月10日，《人民日报》发表了“丝绸之府冲出‘围城’”的报道，肯定了“这是全国压缩缫丝加工能力的第一锤，也打响了湖州市丝绸行业整体结构调整的攻坚战”。

“第一锤”敲掉了6338台缫丝机，也使丝绸业站上新起点、实现新发展。在压台拆机后，德清县制定了《茧丝绸行业管理实施意见》，加强丝绸工业的行业管理，着力提升产品质量的监管。到2000年底，全县缫丝企业实现扭亏为盈，创税利2200多万元，其中利润217万元。缫丝企业通过产权制度改革，加大了技术创新、技改投入，新型自动缫丝机占所有机台数60%，比整顿前翻了60倍，年产白厂丝2400吨，产品质量明显上升。

缫丝压锭“第一锤”在德清的历史上留下了浓重的一笔。此后的一次次改革如同一次次破茧成蝶，让德清发生了翻天覆地的变化。当初以小丝绸、小印染、小水泥、小砖瓦为代表的传统产业，早已被以高端装备制造、地理信息、生物医药、通用航空为主的四大优势产业而取代，成为德清经济健康持续发展的新引擎。回望历史，这第一锤背后不仅是德清县委、县政府全面深化改革的决心和勇气，更是德清产业转型升级之路的起点和初心。

“股票田”里开启乡村振兴之路

1999年10月，鉴于全村约有70%的劳动力从事第二、三产业，为了解决进城、进厂农民承包田无人耕种的问题，沈家墩村以集体的名义，把160户农民家的210亩土地，通过公开招标的方式，以平均每亩每年640元租金租赁出去，有7家养殖户获得了这片农田的三年经营权。每亩地村委会提取90元服务费，余下550元交给农民。这种“定权不定田、定量不定位”的土地承包经营权流转的形式，被农民称为“股票田”。

“股票田”这一创举让各方皆大欢喜，水产养殖户租到水田后可扩大养殖规模，增加经济收入；农户作为“股东”，既能安心外出赚钱，又可坐收“分红”，土地也不会荒芜。其中，“定权不定田”是指其流转过程的不可逆性，即原使用权人不能再收回这部分转让出去的田地，经营者经营期限满后，再通过招投标产生新的经营者，当然，使用权人也可以参加竞标经营。而“定量不定位”是指转让的土地不再保留原边界，而是由村经济合作社将其面积登记造册，承认其使用权益。“股票田”的红利也不是一成不变的，而是取决于每个租赁期租金的高低。

德清钟管股票田招标现场

“股票田”一经推出后，就受到了社会各界广泛关注。2000年，沈家墩村吸引了“清溪花鳖”创始人、德清种养技术研究所所长王根连前来落户，总投资2800万元，占地400多亩的省级无公害清溪花鳖种苗基地在此建立，这是德清当时最大的效益农业投资项目。2001年，省水产厅与德清县政府的合作项目——省虾类良种场落户沈家墩村，紧邻王根连花鳖良种基地。在王根连的带动下，房春华等村民也搞起了规模种养业，“股票田”产生了预想不到的连带效应。

2001年3月16日，新华网以《喜看农田成“股票”》为题作了报道。3月28日，浙江省委常委、常务副省长章猛进专程到钟管镇听取“股票田”的汇报，并肯定“股票田”的形成是土地流转机制的创新。4月29日，《人民日报·华东新闻》头版头条对沈家墩的“股票田”进行报道。2002年7月9日和22日，中国新闻社对沈家墩村首创“股票田”作了专题报道，并肯定了村民委员会所起到的作用。一时间，“股票田”一词成为农村发展的一个热点。

2002年起，更多的德清农民开始成为股东。吴越水产养殖有限公司落户三合乡双桥村，“青虾大王”归毛头学习王根连的鳖稻轮作、鳖稻共生种养模式，采取了虾稻共生、虾鳖共生的新模式，养殖规模扩大至1600多亩。如今，沈家墩村3000亩土地实现100%流转，德清县农村土地流转形成了独有的德清模式。通过土地集约，为种养大户和农业企业规模化经营腾出了空间，农户则享受到了社会养老保险和土地租金“双保险”。

土地流转促使了规模养殖，促进了企业化进程，使传统农业结构发生质变，休闲、垂钓、生态观光等一些旅游产业蓬勃兴起。2018年，沈家墩村致力打造3A级旅游景区，村里计划投入1500万元对文化礼堂、河道砌石、绿化美丽庭院建设、公路修缮绿化、天然气自来水管道、地埋线、医疗站等项目进行规划建设。从1999年首创“股票田”到现在旅游发展项目的逐个落地，土地活起来，资源聚起来，村民富起来，沈家墩村正迈出雄健的步伐，走出一条有德清特色的乡村振兴之路。

“升华拜克”成为全市首家上市公司

1999年11月16日，由德清县升华集团控股的浙江升华拜克生物股份有限公司发行3500万股“升华拜克”A股股票，在上海证券交易所挂牌上市交易，共募集资金3.0122亿元，实现了湖州市上市公司零的突破。

升华集团的前身是德清县第二生物化学厂，始建于1984年。1989年，企业启动改革，主动与上海复旦大学生物系等大专院校科研生产合作，共同开发出高效、低毒的生物农药、兽药及医药中间体等高科技产品，并先后成功开发了超级碱性蛋白酶、阿维菌素、伊维菌素、虫螨光、马杜毒素等28种生化产品，这些优质产品销售到国内20多个省市并出口到21个国家和地区，使企业扭亏为盈。1994年11月，浙江升华集团公司组建。当年，企业税利达到1081万元，成为全县首家税利超千万元的企业。次年，企业创税利增加到2327.54万元，升华集团迈入国家大型企业行列，企业的产品如碱性蛋白酶、阿维菌素、虫螨光、吉嘌呤乳油（宝丰灵）等也被国家列入重点发展的高新技术产品。然而，随着企业的迅速发展，一直困扰中国企业发展的资金紧缺问题成为

1999年11月16日，德清县升华集团控股的浙江升华拜克生物股份有限公司在上海证券交易所挂牌上市

升华发展的“拦路虎”。此时正值中国证券市场火爆之期，升华集团负责人萌生了发行股票的想法。1996年，升华集团向县政府汇报企业发展情况，提出上市融资的设想。这一想法当即得到县政府的大力支持。当时，整个湖州还没有一家上市公司，论企业规模、效益，升华上市的可能性很大，但按照当时的政策，乡镇企业不能上市。县政府将此情况向湖州市政府作了汇报。在市政府的协调下，升华集团与湖州市一家老牌国有企业湖州化工厂（原名菱湖化学厂）各拿出部分优质资产进行合作，联合组建了“升华菱化股份有限公司”，并由市政府出面，向省政府、省体改委、省证券委打出第一份申请上市指标的报告。1998年4月，经省政府同意，浙江省证监局下发浙证监〔1998〕30号文件，同意“升华菱化股份有限公司（筹）列入浙江省A股发行计划内推荐企业”。

省证监局的批复，振奋了上市筹备小组的信心，为了提升上市工作的效率，升华集团向县、市领导提出有关部门参与上市申报的请求。市政府对上市工作也非常重视，专程委派工作组赴企业进行具体指导，并做好各部门协调工作。

1998年7月，中国证券会根据党的十五大精神，开始放宽对集体企业、民营企业上市申报的种种限制，同时要求上市公司必须人员独立、资产完整，严禁不同的企业捆绑上市。政策对乡镇企业开了绿灯，升华集团负责人决定走由自己控股的上市公司申报道路，并向市政府提出以升华集团资产质量最好的企业——浙江德清拜克生物有限公司整体改制上市的想法。市政府肯定了公司的想法，并出面向省证监委作了汇报。同年9月2日，省证监委正式同意将湖州市政府上报的浙江省1997年度A股发行计划内推荐企业由升华菱化股份有限公司（筹）调整为浙江升华拜克生物股份有限公司（筹）。10月26日，中科院专门组织19名院内外专家、教授对浙江德清拜克生物有限公司进行终审，一致通过公司适宜按高新技术企业上市。11月25日，科技部确认浙江德清拜克生物有限公司为高新技术企业。1999年4月，经中国证监会审核，浙江省证监委下文核定浙江升华拜克生物股份有限公司（筹）A股股票发行额度为

3500万股。同年5月3日，根据浙江省人民政府《关于变更设立浙江升华拜克生物股份有限公司的批复》，公司召开股份公司创立大会，并于5月11日在浙江省工商行政管理局完成企业工商变更。7月6日，升华拜克股票上市一次性通过中国证监会审查，8月13日，中国证监会同意“升华拜克”股票上网发行。

1999年8月20日，“升华拜克”正式在上海证券交易所发行，发行每股价格为8.96元。11月16日，“升华拜克”股票正式挂牌上市流通。几易寒暑，升华集团终于改写了湖州市没有一家上市公司的历史，实现了零的突破。

升华集团的上市经历，是德清企业发展的一个典型。三十多年来，升华已从当年名不见经传的乡办小化工厂一步一个脚印地发展壮大成为一家拥有四大支柱型产业板块，横跨制造业、物贸流通、金融投资、矿业开发等产业领域的国家级大型控股企业集团。企业经营规模连年位居中国制造业企业500强、中国民营企业500强、浙江省百强企业、浙江省非公经济50强企业和湖州市“金象”企业之列。

升华拜克的上市，为德清县企业敲开了证券资本市场的大门。在随后的几年里，“兔宝宝”“华盛达”等企业相继通过首发和买壳实现上市，尝到了资本市场的“甜头”。“兔宝宝”上市前，遇到了资金、人才等诸多难题，企业上市后这些问题迎刃而解；“华盛达”上市前是一家规模并不大的建筑企业，上市后迅速走上了转型发展的大道。2014年4月，“恒立数控”在北京“新三板”成功挂牌，成为全市首家在“新三板”挂牌的企业。通过上市，这些企业的平台增大，募集资金增加，为德清县经济的发展注入了强大的活力。

“德清板块”何以能迅速壮大？一方面是由于企业有了上市的意愿，思想上从“要我上市”变为“我要上市”；另一方面，离不开县委、县政府的大力支持。针对大批企业力争尽快挂牌上市的强烈愿望，德清县根据各企业特点和证券市场的不同要求，对企业实行有序引导，2010年，县政府出台的《关于加快工业转型升级的若干意见》，明确提出鼓励企业上市的若干政策和措施，并按照“重点推出一批、改制完善一批、培育储备一批、上报挂牌一批”思路，建立起了企业上市资源库，制定出全县企业上市的近期、中期和长期规划，分类指导、梯次推进。

在鼓励、扶持大企业上市的同时，县委、县政府也注意到县内众多中小企业遇到的法人治理结构不完善、融资难等问题。2014年4月，德清县出台《鼓励企业赴多层次资本市场挂牌上市的若干意见》，对企业股改、挂牌上市提供全程政府服务并予以经济奖励。同时，出台《德清县中介机构服务企业挂牌上市工作管理试行办法》，对中介机构实行备案制，充分发挥中介机构的有序有效服务作用，加快推进进程。

上市是最好的转型升级，并购重组是最快的转型升级。在德清，生物医药、绿色家居、先进装备制造三大主导产业和地理信息等新兴产业正在形成规模，产业结构不断优化，县域经济竞争力不断提升。德清县也逐步形成了具有一定企业数量、产业特色、竞争优势的上市企业群，“德清板块”在资本市场呈现出百舸争流的良好态势。2019年8月5日，德清县人民政府、浙江省股权交易中心、中国银河证券正式签署战略合作协议，在浙江省股权交易中心设立“德清高新板”。三方通过支持符合条件的县内中小微企业在挂牌后通过股权投资、私募可转债等进行融资，以改善中小微企业融资环境、推动中小微企业高质量发展为重点，全力培育优强企业走向高级别资本市场，抢抓科创板机遇。至2020年12月，德清县拥有上市公司11家，新三板挂牌企业10家，浙江省股权交易中心挂牌企业225家，数量和规模均位居全省县域先进行列。

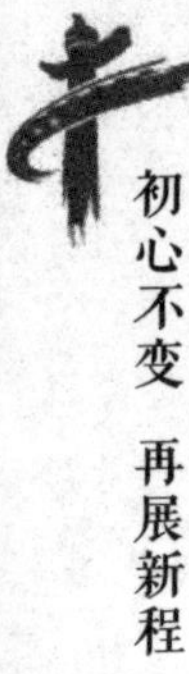

审时度势实施“接沪融杭”战略

2001年2月，德清首次提出“融杭”概念。政协德清县第五届委员会第四次会议一号提案提出要“抓住杭州城市化和产业化结构调整机遇，依托杭州，加快经济转型升级”。之后，德清县通过制定《德清县接沪融杭“十三五规划”》和每年的《接沪融杭工作行动方案》，在交通接融、产业接融、要素接融、民生接融、文化接融等多方面取得了良好的成果。

2003年3月6日，德清县第十一次党代会正式把实施“开放带动、接轨沪杭”作为全县的发展战略，指出要跳出德清看德清，把德清放在长江三角洲的区域大环境上来寻求和争取有利于我县加快发展的外部支持，着眼于“主动接轨、全面融入、发挥优势、实现共赢”，找准定位，接受辐射，以更加积极的姿态做好接轨沪杭的文章。2011年12月27日，德清县第十三次党代会首次将“开放带动、接轨沪杭”改为“开放创新、接沪融杭”。提出要以更开放的胸怀、更坚定的步伐、更高端的方式全面融入杭州、上海乃至长三角，加快推动开放型经济发展。2015年12月26日，县委十三届九次全体（扩

2009年，德清融入杭州活动周开幕式现场

大）会议提出要深入实施“改革创新、接沪融杭”战略，主动参与“一带一路”和长江经济带等国家重大战略，全面融入长三角一体化和杭州都市区建设，力求实现更宽领域、更深层次、更高水平的对外开放。

在交通接融上，德清县打造了集杭宁高速、宣杭铁路、通航机场等交通项目于一体的便利交通体系。2002年11月28日，杭宁高速德清段正式通车运营；2010年2月6日，申嘉湖杭高速公路德清段正式通车；2015年12月16日，德清港试运营暨首航仪式举行，德清集装箱运输实现“零”突破；2016年6月15日，上海—莫干山空中旅游航线通航首飞，实现了“上海—德清”一小时山与海的空间跨越；2016年12月18日，杭宁高速德清北互通正式启用；2018年10月19日，国网通用航空有限公司的一架BELL429直升机成功降落在德清莫干山通用机场，迎来了首次保障飞行。现在，德清人坐高铁13分钟可达杭州市区，到萧山国际机场仅需40分钟车程，到上海、南京、宁波等长三角核心城市均在1.5小时车程以内，杭州二绕将德清三分之二的地域划入其中。对外大联通、对内大循环的公铁水空立体交通走廊基本形成。

在产业接融上，德清县大力优化投资创业环境和优惠服务保障体系，不断完善基础设施建设和产业链布局，成为沪杭产业承接的先行地。湖州莫干山高新区成为沪杭高端产业转移的主平台、创新创业要素集聚的主阵地，逐步建立起以聚焦信息经济、健康产业、高端装备制造、休闲旅游四大主导产业和改造提升现代物流、绿色家居等一批传统产业，培育通用航空产业等战略新兴产业的“411”产业体系。

在要素接融上，德清县始终坚持创新驱动发展战略，产业园编织成高端“引才网”。据统计，全县约1/4的高新技术企业、30%以上的高端人才，以及60%以上的创新载体、科技成果转移转化中心来自上海和杭州。高层次人才平台、院士专家工作站建设加快推进，上海人才工作站、杭州异地孵化器等人才发展平台相继成立；先后引进中国联通华东数据中心、IBM全球再制造中心等20多个重点建设项目。2012年，德清成功建成浙江省唯一的科技成果转化试验区。2013年，全省唯一获省政府批复的省级金融后台基地——长三角金融后台基地落户德清。2017年11月17日，省科技厅对德清县进行了首批国家科技成果转化示范县授牌。

在民生接融上，德清县聚焦与沪杭地区的医疗合作共建、教育资源共联、文体事业共兴和民生福利共享，保证民众切实体会德清接沪融杭发展新成果。2007年7月1日，县人民医院与杭州市医保实时联网正式启用，成为杭州市医保中心第一家跨地区的定点医院；2008年，杭州至德清的K588公交线路开通，成为全国首条跨地区城际公交；2013年12月18日，德清率先开通"杭州通·都市圈德清卡"，该卡可享受杭州市民卡同等待遇；2016年10月15日，德清县人民政府与上海世外教育服务发展有限公司成功签约莫干山世界外国语合作办学项目；2017年8月31日，浙江工业大学德清校区项目举行开工仪式；2017年，588A区间线正式开通，无缝对接杭州地铁2号线。

在文化接融上，建立与沪杭两地的文化交流机制，积极展示以"钢琴、瓷之源、德清嫂、游子吟"等人文时尚为核心的德清文化。通过"媒体带动、区域联动、行业互动、节会拉动"的方式，成功举办杭州体育赛事、三地活动周、上海德洽会等重大活动，实现三地互利互通、共赢共融。

杭宁高速公路建成通车

交通运输业是国民经济的基础性、先行性产业。改革开放后，随着公路客货运输量的急剧增加，公路交通长期滞后，特别是主要干线公路交通拥挤、行车缓慢、事故多发等现象已经成为制约经济社会快速发展的瓶颈。为缓解我国公路交通瓶颈制约，20世纪90年代，国家规划建设包括G25国道（即原“长深高速”）在内的总规模约3.5万千米的“五纵七横”12条国道主干线，G25国道起止于吉林长春与广东深圳之间，途经浙江等10个省市，其中经过德清地界的杭宁高速德清段正是在此契机下建设完工。

杭宁高速公路开工典礼

浙江省第十次党代会后，省委、省政府提出了“高起点、高标准，建设大交通，促进大发展”的工作思路，并制定了“建设1000千米高等级公路，形成省城杭州至各地城市的‘四小时公路交通圈’”的目标。在1999年修订的《浙江省公路水运交通建设规划》中，公路建设规划确定，到2010年全面实现“两纵两横十八连三绕三通道”公路主骨架重点工程（总里程约2840千米），形成贯通全省、联结省外、便捷高效的公路运输网络。G25国道便是重点工程之一。G25国道湖州段又名杭宁高速公路湖州段，为湖州境内规划建设的第一条高速公路，浙江境内全长99.161千米，南从三合乡进入德清，经武康、城关（现为乾元镇），北到洛舍镇出境，全长22.48千米。1998年7月，在接到交通部《关于杭州至青山、王家滨至父子岭公路项目建议书》批复后，德清县迅速成立了德清县杭宁高速公路建设指挥部（以下简称县指挥部），沿线的乡镇也相应建立领导小组。次月，县指挥部召开第一次全体成员会议，传达贯彻省杭宁高速公路湖州段商谈会议精神，并分解落实前期准备工作，随后启动图纸征地及其审批工作。同年12月，省杭宁高速公路建设领导小组暨管委会第一次会议在德清召开，会议交流研究了杭宁高速公路二期工程前期准备工作进展情况，对在建的一期工程进行实地检查并部署了下一阶段工作。1999年3月，县政府发布《关于做好杭宁高速公路县境段征地拆迁等有关事项的通知》，县指挥部与沿线四个乡镇政府和四个县级有关部门领导分别签订了《征地拆迁责任书》。征地拆迁工作由沿线四个乡镇政府和县土管局、县电信局、县广电局等部门依照统一的征地拆迁经济补偿标准具体落实。由于县委、县政府提前制定了符合德清实际的合理政策，再加上在拆迁工作中思想到位，目标明确，组织有力，前期的宣传工作让群众达成了共识。3月23日至4月19日，全县征迁丈量工作完成，共需征用土地2186.42亩（其中耕地2109.36亩），拆迁房屋115户（面积3.3万平方米），搬迁或部分搬迁工厂3家，关闭和影响石矿12家，迁移坟墓1885穴。4日后，拆迁工作正式启动。县委、县政府对拆迁工作高度重视，多次深入现场调查了解各地工作进展情况并给予及时指导。5月13日，全县拆迁户数最多、拆迁面积最大的三合乡在20天内完成了全乡47户拆迁户共计11381.1平方米房屋拆迁任务，成为拆迁速度最快的乡镇。同月，《人民日报》华东版以《舍小家为大家》为题刊登了三合乡朱家村一居民舍弃刚造好一年的新家为杭宁高速让路的文章，肯定和鼓励了德清县的拆建工作。至5月30日（部分养蚕户至6月10日），杭宁高速德清段征迁工作全面完成。

1999年9月，杭宁高速公路浙江段二期工程开工典礼在德清举行，县境段五个施工单位和驻地监理办随即入住工地，工程建设全面展开。

杭宁高速公路德清段自北而南初步设计为：入境洛舍砂村—章家桥—龙山王母山—秋山乡镇区—二都寿昌桥—三合朱家村，最后跨越东苕溪（大桥）出境。县内汽车上下高速公路的主要渠道——互通式立交桥在几经推敲、反复衡量之后，遵循“离而不远，近而不进”的原则，选址在武康镇东7千米、城关镇西6千米处的秋山集镇。除互通立交外，德清段将建设通道、分离式天桥立交40余座，以分离人行、汽车和机耕等通行。因河港较多，德清段还要建造前山等大中型桥梁18座、小桥1座。10月11日，杭宁高速公路县境段土建工程开工。开工初期，由于部分地段施工环境不太好，被迫停工现象时有发生，因而整个工程建设进度一度滞后于湖州、余杭段。县委、县政府和沿线乡镇党委、政府对此十分重视，通过加强宣传教育、协调和配合力度，使得施工环境得到明显改善。2000年3月起，全线五个施工单位3000多名筑路工人急起直追，节假日不休息加班加点抓进度、保质量，施工进度明显加快，并在浙江段全线四县市中名列前茅。2001年9月11日，杭宁高速公路跨东苕溪特大桥箱形连续梁成功合龙，完成高速公路德清段与余杭段的顺利对接，也标志着主体工程完工。2002年11月20日，杭宁高速公路德清段交工验收。至此，德清县境内形成了“三纵一横 ”的公路交通局面，县内公路密度进一步提高。11月28日，杭宁高速浙江段全线建成通车，其中湖州段设德清等7个收费站点、湖州青山等2个服务区。

便捷的交通，是县域现代化的重要前提，也是县域形象的直接反映。被誉为“浙北第一路”的杭宁高速德清段分别连接浙江、江苏、安徽及沪杭高速公路，不仅极大地改善了浙北地区的公路交通条件，也加速了旅客和货物的流动，促进全县旅游资源的开发和第三产业的发展。更重要的是，德清县与长江三角洲地区上海、南京、杭州、宁波等中心城市的距离拉近后，推动了沪杭地区的经济、技术、信息等资源不断渗入县内，促进全县经济、社会的开放和发展，也对公路沿线各地工业及全县城镇、农村的经济繁荣提供了良好的投资环境，更让德清县“接沪融杭”，在深层次上接受三角洲发达地区的辐射成为现实。

便利群众出行的路网建设

1994年4月，德清县运用“四自”公路优惠政策，实施104国道德清段扩建改造工程，开创了德清交通建设史上“产业化”“公司化”经营的先例，交通建设进入了大发展时期。1997年起，通过陆续成功改造扩建了德桐公路、09省道德清段公路，县内“一横五纵”的路网框架基本形成。2003年和2005，德清县分别启动康庄工程建设和城乡公交一体化改造。

2003年，浙江省委实施“千村示范、万村整治”工程，由此拉开浙江美丽乡村建设的序幕。美丽乡村建设离不开道路建设，2003年8月，德清县成立农村公路改造工程（乡村康庄工程）领导小组，全县乡村康庄工程正式全面铺开。县政府同时出台了五个方面的优惠政策：建设用地由各行政村自行调剂；允许有资质的施工队伍自行规范爆破，简化工程所需民爆物品审批手续；电力、通信等部门的管线设施迁移，所有权单位负责免费迁移；建设中涉及有关规费均予免征；县财政对乡村康庄工程补助1500万元等。各乡镇财政、村集体克服困难，自筹资金6000多万元，加上社会捐款近400万元，为康庄工程建设资金解了燃眉之急。

由于乡村康庄工程建设时间紧、任务重、涉及面广，2004年上报的很多项目无法按时开工建设。县交通局设计室、县康庄办于2003年9月份及时抽调5名技术骨干，对全县11个乡镇97条通村公路进行外业勘察。设计中以四级及以上等级公路标准为依据，结合各线路的地形地貌及乡镇、村经济情况，因地制宜地进行规划设计、编制工程规划。在不影响工程质量的前提下，尽量降低建造成本。在短短三个月的时间里，完成全县220多千米康庄工程的外业测量及设计任务，为工程的顺利实施打好基础。同时，为规范康庄工程建设程序，加快工程进度，保证工程质量，德清县积极组织县康庄办成员、质监组和各乡镇康庄工程办公室及“路长”等全体40多名工程管理人员参加了相关培训。各乡镇也非常重视培训工作，如钟管镇专门请湖州市交通工程质监站站长到该镇作康庄工程质量管理专题讲座，14个行政村的支部书记、主任，以及施工单位项目经理等50多人均参加了培训。在县、乡、村各级进行广泛动员的基础上，县康庄办利用报纸、广播、电视、工程简报等形式，如定期编发《康庄工程简报》，及时反映各乡镇建设动态信息，交流建设经验，通报建设进度，做好业务指导。县电视台还制作《康庄工程》专题片宣传乡村康庄工程的重要意义。

首趟高铁列车驶过德清站

在两年七个月的时间内，德清县实际建设、改造了96个行政村192个项目229.3千米的通村公路，累计投入建设资金约1.5亿元。至2005年7月16日，德清县在全市三县二区率先完成了乡村康庄工程主体建设任务。德清县等级公路（准四级公路）通村率和通村公路路面硬化率均达到100%。路基工程优良率达到90%，路面工程均在合格以上，顺利完成了“双百”目标任务。

为满足城乡居民出行需求，德清县先后开通了多条便民公交线路，将服务民生落到实处。2005年，德清县启动城乡公交一体化改造，并将其列为县委、县政府为民办实事的项目之一，按照“政府引导、市场运作”的原则，因地制宜，大手笔构建并完善城乡公交客运网络。

2005年5月，24辆双空调客车被投放至武康至乾元线，迈出了德清县城乡公交一体化改造坚实的一步。同年，县内首条景区公交——武康至莫干山公交开通。到2005年12月，全县166个行政村除3个村因危桥原因不能通车外，德清县在全市范围内率先实现村村通客运班车的目标，达到已通公路且安保设施完善的行政村客车通达率100%。2006年底，两家县内短途客运公司共投入资金4300多万元，收购原承包中巴车184辆，实现了全县村村通公交的目标，在全市范围内率先完成城乡公交（客运）一体化改造工作。2009年4月，县内首条夜间公交——武康至乾元公交开通。2010年，武康至下渚湖的景区公交开通。2012年，武康至雷甸、武康至新安至禹越、新市至罗丰至钟管、汽车总站至俞家厂、雷甸至杨墩至双溪和禹越至天皇殿至西港6条公交线开通，进一步完善了城乡公交网络布局。2013年，杭宁高铁通车后，武康（K111）、乾元（K112）两条直达高铁站的公交专线开通，同时开通的还有途经高铁站的武康至新市、雷甸、钟管、禹越的4条乡镇直达公交线路。2017年11月，千秋广场北至庾信北街（Y1）、高铁至下渚湖风景区（K123）两条一体化公交线路开通，县域旅游公交发展正式起步。到2018年5月，德清县共投放城乡公交客车246辆，实际运营城乡公交线路60条，其中第一层次18条（城区公交），第二层次8条（县城至乡镇公交），第三层次38条（乡镇至乡镇、村公交），旅游公交线路4条。基本完成了一小时到县城及村村通公交的目标，实现了公交客运服务网络的全覆盖。

在公交车辆的选择上，德清县因线路特点选择不同类型的车辆，如一级网络以城市大型公交车为主，二级网络以中型客车为主，三级网络则可以小型客车和微型客车为主。自2011年起至2017年，全县先后投入9872.76万元用于车辆的收购和更新，逐步使用新型客车替换老旧车型，替换率达到95%。

在构建城乡公交网络的同时，农村客运站场及候车亭建设工作也逐步推进。2006年以来，德清县先后投入2000多万元，在全县8个乡镇4个街道建造了547个港湾式停靠站及1329块站头牌，成为点缀乡村的一道亮丽风景线。2005年、2006年，雷甸、三合客运站分别相继建成启用，2012年6日至7月，钟管镇、洛舍镇的四级客运站先后开工建设。2015年4月，德清县钟管镇新汽车客运站投入使用，该站总投资约2500万元、占地面积8700平方米。

乡村康庄工程和城乡工程一体化建设创造了德清交通建设史上的一个里程碑，是政府为百姓办的大实事。泥巴路变成了平坦的康庄大道，公交车通到了家门口，出行变得既方便又安全，农村老百姓的交通条件和生活质量都有了极大改善。乡村康庄工程和城乡工程一体化建设带来的变化还不止于此，交通基础设施的逐步完善不仅满足了县域经济社会发展和人民群众生活的实际需求，还为美丽乡村建设打下了扎实的基础，使德清独特的区位优势充分凸显。

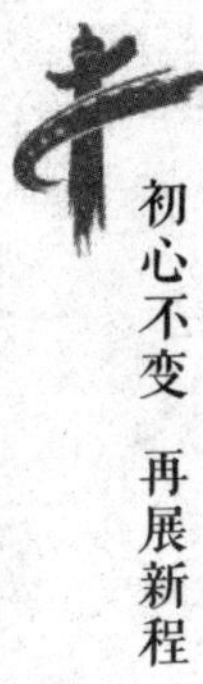

“游子文化”催生“游子经济”

“慈母手中线，游子身上衣。”1000多年前，孟郊在故乡德清写下《游子吟》，这首30字的短诗被传颂了1000多年，并形成了一种寻根文化，一种情感文化，一种向心力和凝聚力的文化，那就是“游子文化”。为了弘扬中华民族的传统美德，激发人们对父母的养育、国家的培育的感恩，增进现代社会的人间亲情，也为了让更多的人关注德清、了解“游子文化”，2004年，德清县举办了首届中华游子文化节。

早在2001至2002年，德清县与浙江省作家协会、文学报社联合举办了“孟郊奖·慈母心游子情”全国散文大赛，使德清成为安顿游子情结的温馨家园。2003至2004年，德清县更是把散文大赛的范围扩至全球，与北京新浪网、浙江省作家协会、浙江日报社联合举办的“孟郊奖·慈母心游子情”全球华语散文大赛，吸引了英、美、法等国家和中

2006年游子文化节上，著名文化名人畅谈游子文化：白岩松(左一)、余光中(左三)、余秋雨(左四)、张抗抗(右二)

国港澳台地区、内地各省市的1181位作者参加，畅叙人间亲情，共抒故土之思。2004年1月11日，时任县委书记、县人大常委会主任杨建新，县委副书记王顺章和著名作家张抗抗一起做客北京新浪网，畅谈游子文化，介绍山水德清，引起众多网友的热烈响应。海内外各界人士的广泛认同与共鸣，为德清举办游子文化节奠定了基础。

2004年7月8日至10日，以孟郊《游子吟》为背景的首届中华游子文化节隆重举行。游子文化节举办的初衷，是依靠孟郊故里的文化资源和莫干山、下渚湖等自然条件和人文景观，研讨游子文化、慈母文化、孝子文化，弘扬传统美德，以孟郊文化园为平台，开展民俗文化展示、商务经贸活动等。整个活动由“孟郊奖·慈母心游子情”全球华语散文大赛颁奖晚会、《游子吟》作品集首发式暨游子文化论坛、侨商联谊暨德清投资环境说明会、作家学者防风古国下渚湖采风、莫干山纳凉晚会等内容所组成，并成功邀请到韩美林、黄亚洲、张抗抗等一批文化名人参加。在游子文化论坛上，名家们围绕“游子文化与中华民族的凝聚力”“传统道德与21世纪中华民族复兴”等议题，立足理性与感性的思考，在全球化的大背景下，从历史、文化、经济、伦理、社会等视角，对游子文化的内涵、外延进行了深入的探讨，在激烈的思想碰撞中摩擦出闪亮的火花。

“经济搭台，文化唱戏。”在游子文化节上，德清把所有的文化活动成系统地推出，甚至连经济活动也都揽在文化的名义下进行。每一座都市都需要其独特的城市个性、品位和文化内涵来构成其长期繁荣、持续发展的重要因素。德清用“游子文化”，用深厚的文化底蕴吸引了来自美国、日本、法国等10多个国家的侨商和港澳台等地区的客商参加德清投资环境说明会。会上，德清展示了对外商投资企业制定的在税费政策、平台基础、审批服务、投资环境等方面的优惠政策和服务举措，来自奥地利等国家的侨商还就德清县的投资环境和发展提出了意见和建议。

首届中华游子文化节的成功举办，使千年孟郊又重回故里，一根“游子文化”的红线，把德清与五湖四海众多炽热的心连在一起，引发了全球华人世界的关注。新华社、《文汇报》《新民晚报》《浙江日报》、东方卫视、新浪网等20多家新闻媒体进行全程追踪报道。2004年，全县完成实到外资1.3亿美元，同比增长19%。

2006年4月，以“弘扬民族精神，宣传游子文化”为主题的第二届中华游子文化节在德清举行，余光中、余秋雨、白岩松、张抗抗等文化名人在游子文化论坛上以“他乡与故乡”为题畅谈游子文化。2012年11月，第三届“游子文化节”以“游子回乡、浙（德）商回归”为主题拉开帷幕。之后，游子文化节每年和投资贸易洽谈会联合举办，为在外游子、浙（德）商开辟了一片回归创业的热土，促进了文化与经济的和谐发展。2017年12月，第八届游子文化节暨投资贸易人才洽谈会在德清举行，在“游子回乡吟德清、乡梓情深话发展”恳谈会上，在外杰出乡贤代表们和时任县委副书记、县长王琴英共同交流，表达了浓厚的爱乡之情和强烈的回乡投资兴业意愿，并积极为德清经济社会发展出谋划策。其间，26个“大好高”项目或浙（德）商回归重大产业项目进行现场签约，总投资260.7亿元，共有35个项目集中开竣工，总投资112.68亿元。

凭借游子文化节的强大号召力和德清县相继出台的“人才新政11条”“莫干山高新区人才新政10条”等相关政策，德清县创建了全省第四家省级产业园。每年有200名以上院士、专家以及各领域领军人才到德清实地考察。为了吸引人才留下来，德清县还利用国家级高新技术产业开发区、浙江省地理信息产业园等平台吸引和培育高端浙商企业。并建立人才服务银行、设立人才引导基金、开办千人服务专窗，围绕“资源集聚、作用发挥、平台提升、政策创新和创业服务”打造五位一体人才生态环境。截至2017年，德清县共柔性引进院士专家28人，引育国家和省人才48名。

皎皎明月心，悠悠游子情。德清县通过游子文化节，让“游子文化”成为感恩社会、报效故乡、沟通海外华人的一个文化品牌，吸引了众多海外游子回故乡体验亲情、投资创业，并逐渐衍生出巨大的“游子经济”效应。德清县把举办游子文化节与开展经贸人才洽谈活动结合起来，发挥以节会友、招商引资、广纳人才的桥梁作用，不仅集中展示了传统游子文化，还扩大了对外合作交流，并唱响天下游子感恩之心，营造浙（德）热恋故乡之情。如今，游子文化节成为德清吸引众多海外游子回乡体验亲情、投资创业的文化品牌，“游子文化”已经成为德清的代名词，衍生出巨大的“游子经济”效应，也成为长三角最有特色的活动之一。

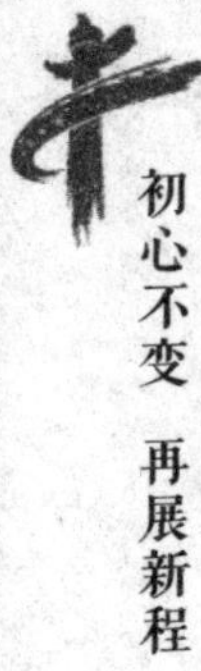

下渚湖湿地风景区正式开放

下渚湖位于德清县城东南10千米处，是具有多样性的典型天然湖泊湿地，总面积达10平方千米，为浙江省第五大内陆湖，也是长三角地区生态系统多样性高、原生态保持最完整的天然湿地之一。1999年，县政府确定下渚湖为第一批县级风景名胜区，次年2月，在划定下渚湖风景名胜区红线范围和核心区红线范围的基础上，县政府与香港中瀛集团签订合作开发下渚湖“吴越风情”旅游景区协议，下渚湖开发、保护项目正式启动。

改革开放几十年来，中国经济社会发展取得历史性成就，但也承担了资源环境方面的代价。随着时间的推移，人民越来越意识到环境保护的重要性，不少地区提出了“既要绿水青山，又要金山银山”的口号。站在世纪之交的德清和浙江的许多地区一样，也遇到了经济发展与生态保护是否矛盾的困扰。德清地理位置优越，东望上海、南接杭州；县内旅游资源丰富，西有莫干山，东有下渚湖，可谓是有山有水。在20世纪80年代末，德清县委、县政府作出县治搬迁的决策之时，就已经考虑到要充分利用莫干山的旅游资源来带动县域经济发展。1996年3月，在县十一届人代会第四次会议上所作的政府工作报告上提出，要把发展旅游业放到重要位置，当作一项新兴产业来抓，按放大旅游格局来规划、开发县内丰富的旅游资源。同年11月，德清县组建旅游局，翻开了德清旅游业发展的新一页。之后，通过对县内101个旅游资源开展调查，于1997年制定了防风古国旅游度假区项目开发方案，1999年，下渚湖被确定为第一批县级风景名胜区，次年2月，“吴越风情”下渚湖风情旅游园项目签订开发项目书，对下渚湖的保护性开发正式启动。

下渚湖一览

下渚湖的保护性开发正处于德清旅游业发展的大好时机，因而采取了边保护边开发的发展策略。经过五年的系统保护开发工作，2004年5月1日，下渚湖景区售出首张门票，标志着德清首个自主景点正式开放。三天内，平均每天接待游客450人左右。2005年，德清县专门成立下渚湖湿地风景区管理委员会，对景区名胜资源、自然生态环境实行统一保护、规划、建设和管理，并委托南京林业大学编制了《下渚湖湿地风景区总体规划》，规划控制面积49平方千米，规划面积36.5平方千米，其中核心区11.5平方千米，规划了下渚芦汀区、琳琅水街区、阡陌田园区、防风览胜区、毓秀塔山区、菰蒲远香区、渔香风情区等7个景区97个景点，推动下渚湖湿地环湖1200亩项目和800亩豸山岛项目的发展。在此基础上，县委、县政府还就下渚湖保护性开发出台了《下渚湖湿地风景区环湖1200亩规划》《下渚湖湿地保护概念规划》《“吴越风情”旅游景区总体规划》《下渚湖湿地省级风景名胜区规划》《德清县下渚湖湿地风景区管理办法》等一系列规划。为更加积极、合理、有效地吸引外来投资，加快景区建设步伐，2006年3月，德清县出台《关于加快下渚湖湿地风景区建设的若干意见》，对景区49平方千米管理范围内的招商引资项目提供相应的优惠政策，并确定由有关部门和乡镇分别抓好景区村庄整治、河道治理、山林绿化、生态建设和景区景点的交通道路、供电供水、通信设施等重要基础设施建设等。

在多措并举加快下渚湖湿地风景区的建设之时，下渚湖水环境保护工作和宣传工作也在紧锣密鼓地开展之中。2005年10月，《德清县下渚湖湿地风景区管理办法》开始实施。在多次实地调研后，由三合乡政府、县各有关部门针对下渚湖水环境保护采取了对上游武康镇区生活污水实施截污，拆除下渚湖主湖面部分网箱养殖和珍珠养殖，关停规模养猪场，启动“农家乐”餐饮业污水整治工作等整治措施，不仅改善了下渚湖入口的大气状况，也大大削减了来自养殖业、餐饮业、生活污水等带来的水污染。与此同时，根据“接轨沪杭”战略，德清县充分借助中央电视台、浙江卫视、《浙江日报》等媒体平台带动宣传，利用杭州休博会等机遇借梯登高，在宣传折页上推介下渚湖景区等。此外，还通过举办防风文化与旅游发展恳谈会，召集上海250多家旅行社来下渚湖、防风山考察等形式宣传推介下渚湖景区。

随着下渚湖的保护性开发与建设的同步进行，下渚湖湿地风景区的知名度不断扩大，游客量也日益增长。2006年，德清县被评为“浙江省十大旅游休闲城市”，下渚湖风景区被评为“2006长三角双休日旅游休闲热点景区（目的地）”、省级风景名胜区和湖州市十大风景区之一。2007年9月，下渚湖风景区被评为浙江省首批生态旅游示范区。德清“名山、湿地、古镇”品牌形象初步确定。2009年和2010年，德清县分别成功创建省旅游经济强县和中国低碳旅游示范县。2011年1月，下渚湖湿地风景区成功创建国家4A级旅游景区。

“中国最美湿地”“国宝”朱鹮的栖息地、古代防风文化的故里、青虾人工养殖的发源地、75个旅游资源项目，赋予了下渚湖得天独厚的乡村旅游基因，但下渚湖仍存在资源分散、产业结构单一、发展不均衡等问题。2011年，德清县编制《浙江德清下渚湖湿地风景名胜区总体规划》《德清下渚湖湿地控制性详细规划》，在全县建设国际化山水田园城市目标引领下，围绕打造“湿地公园，养生小镇”定位目标，协同生态保护和开发建设，按照“一三五”发展布局（提升湿地景区核心功能，合力打造文化商业、运动休闲、健康养生三大业态组团，重点开发朱金寺、上渚山、宝塔山、豸山岛和朱家村五大产业区块），实施湿地生态提升和交通游览提升工程，推进引进休闲度假和健康医养项目，实施管理服务提升和宣传营销升级工程。2019年9月，首届美丽中国田园博览会在德清县召开。与此同时，一条18千米长、连接“田博会”主场馆和下渚湖湿地的绿道西线工程投入使用。绿道覆盖了下渚湖湿地、琳琅水街、防风览古、毓秀塔山四大景区，串联起塘泾、和睦、塘家琪、四都、二都、沿河等8个村庄，进一步扩大了“环下渚湖板块”旅游格局，推动“湖城一体化”发展。通过倾力打造“环湖观光带”和“水梦苕溪”等精致景观线，不断提升环湖沿线各村“美丽指数”，串联田园山水、产业文化，下渚湖景区正在成为农旅经营模式探索路上的“德清案例”和打造农村综合性改革的“德清样板”。

“洋家乐”催发民宿经济高端化发展

2015年，中国·德清乡村民宿标准发布会

德清东望上海，南接杭州，区位优势明显，旅游资源丰富，文化底蕴深厚。县内地势自西向东倾斜，西部的莫干山山峦连绵起伏，修竹绿荫如海，风景秀丽多姿，享有“江南第一山”之美誉。2007年，德清县第一家“洋家乐”裸心乡在莫干山诞生，之后，德清县以“原生态养生、国际化休闲”为特色，打造了一批高端、精致、有亮点、有特色的民宿产品，受到国内外游客的青睐和推崇。

2007年，来自非洲的Grant Horsfield（中文名：高天成）骑车游莫干山时误入山脚下的劳岭村三九坞，绝美的自然风光让他流连忘返。不久后，他再次来到三九坞，租用了8间闲置的民舍，改造成一家拥有21间住房，设酒吧、餐厅、茶座、按摩房及会议室的民宿，这就是德清县首家“洋家乐”——三九坞国际乡村会所，又叫“裸心乡”。2009年，高天成又在附近的兰树坑兴建新“洋家乐”——“裸心谷生态驿站”。2012年，莫干山及山麓的“洋家乐”连续两次荣登美国《纽约时报》，被推荐为“2012年全球值得一去的45个地方”之一。裸心系列出名后，来自法国、英国、比利时、韩国、俄罗斯等十多个国家的老外纷纷来此投资开设“洋家乐”。不少本地人也纷纷效仿，在原先农家乐的基础上拓展个性。一时间，莫干山上各式民宿如雨后春笋一般涌现，2007年，德清县的民宿数量约85家，到2012年增加到约94家，到了2018年，迅速增长到650多家，其中有150多家“洋家乐”模式的高端民宿，主要集中在环莫干山区域。

“洋家乐”像一把时光之钥，开启了莫干山民宿飞速发展的大门。为使民宿经济能够可持续发展，2012年起，德清县大力发展生态休闲旅游业，重点培育“洋家乐”、农家乐、青年旅舍、生态有机精品观光农业等旅游新业态，莫干山民宿产业开始走精品化、高端化的路线。2013年起，德清县先后编制《莫干山国际休闲旅游度假区总体规划》《环莫干山新型农家乐旅游区规划》等一系列规划方案，充分利用周边丰富的自然风景、人文景观和农副产业资源，结合“中国和美家园”建设，制定高端民宿经济准入门槛，引进有理念、有实力、注重生态、推行低碳发展方式的乡村休闲旅游项目，将西部山区逐步建设成以商务休闲、户外运动、生态观光和农村体验等四大功能为主的文化旅游创意产业区。同时，德清县还制定了一系列规范政策引导民宿健康发展。2014年1月，《德清县民宿管理办法（试行）》出台，突破了民宿的消防问题和特种行

洋家乐裸心堡航拍

业许可证问题，落实民宿违法经营查处联动机制和民宿审批联合验收工作。随后，西部涉外休闲度假项目服务小组成立，加强了对项目审批、建设的指导和服务。2015年，德清县发布全国首部县级乡村民宿地方标准规范——《乡村民宿服务质量等级划分与评定》，逐年评选精品民宿。同年，印制《民宿创办手册》，为村民返乡创业提供政策支持、创业指导和经营服务。2016年5月，全国首家民宿学校——莫干山民宿学院在德清成立，为本地和来自全国各地的民宿业主提供交流和培训。8月，在旅游部门的指导下，莫干山镇民宿行业协会成立，充分发挥行业协会桥梁纽带和行业自律作用。2017年底，县文旅集团与全球最大的网上住宿预订平台Booking达成合作，洋家乐正式入驻缤客海外市场，通过打造洋家乐官网、民宿咨询中心，提供管家式、一站式服务，提升了民宿的好评率和重访率。

栽上梧桐树，引得凤凰来。为吸引更多的资金和项目支持民宿经济的发展，德清县积极完善配套设施促进环莫干山集聚区的形成。通过推进环莫干山异域风情观光线和莫干山国际休闲旅游度假区建设，将环莫干山区域的民宿串点成链；通过引进全球首个探索极限基地，建设路虎体验中心等旅游配套项目，逐步形成西部休闲运动系统；通过完善公路交通网络和洋家乐标识系统，合理规划设置停车场，提升西部山区交通容量及安全系数，推进旅游便捷化；通过完善西部山区供电、供水、消防、污水管网设施，保障民宿业主、游客及当地居民的用水用电安全，降低生活污水对周边环境的影响。

酒香不怕巷子深。以“裸心谷”为代表的“洋家乐”，创造了具有德清特色的乡村高端旅游模式，形成了生态旅游发展与百姓增收致富相互促进、绿水青山就是金山银山的良好发展局面，引起了国内外的高度关注和充分肯定。《新闻联播》《焦点访谈》、新华社、《人民日报》《光明日报》等国内外主流媒体、栏目纷纷对德清“洋家乐”的发展进行报道。2015年8月，德清县莫干山在“百村万人乡村旅游创客行动”中被国家旅游局评为“全国首批中国乡村旅游创客示范基地”。2016年，德清县被国家旅游局评定为中国国际乡村度假旅游目的地。2017年，德清“洋家乐”被国家质检总局评定为全国首个服务类生态原产地保护产品。洋家乐的高端旅游模式还给德清带来了巨大的民宿经济效应。2018年上半年，德清县乡村旅游接待游客383.7万人次，实现直接营业收入10.98亿元，以洋家乐为代表的150家高端民宿接待游客35.3万人次，同比增加23.9%，实现直接营业收入4.08亿元，同比增加19.3%。与此同时，民宿的发展还给当地老百姓带来致富的机会，原先废弃的农舍可通过出租获得每年数万元租金；不想外出就业打工的农民可以在家门口再就业；原来滞销的山区农副产品供不应求，有了出路。2018年，德清县民宿吸收县内直接从业人员4000多人，为乡村旅游配套的商店、交通等旅游相关行业吸收从业人员超过10000人，人均年收入约为4.5万元。

全国首条城际公交K588开通运营

2008年1月18日，全国首条打破行政区划的公交车——K588正式开通。K588城际公交行程往返于德清汽车总站和杭州武林门两个站点间，全程51千米，用时约90分钟。

2008年1月18日，德清至杭州城际公交K588开通运行

2007年5月12日，杭州都市经济圈第一次市长联席会议召开，标志着建设杭州都市经济圈工作正式拉开序幕。为使德清县成为融入杭州都市经济圈的先行区、示范区，德清县委、县政府深入实施“开放带动、接轨沪杭”战略，并根据交通部门对德清至杭州的道路客运运行现状的调研，确定开通德清武康至杭州中心城区公交线的工作思路。当时，杭州至德清有快客车辆9辆，平均15～20分钟一班，全程票价15元，参与企业分别是德清长运公司与杭州三家企业，班线运力与运量基本保持平衡，日运送旅客约为1500人。

杭州市和德清县属不同行政区域，计划开通的德清至杭州城际公交线路（以下简称城际公交）是省内第一条跨区域、跨行业、跨管理法规的公交线路，并无经验可循。而开通城际公交需得到杭州交警、城建、城管等部门的支持和配合，且开通后也将对原有的杭州至德清快客线带来利益上的冲突，因而需要解决城际公交线路审批与运营、公交客运企业的利益平衡等问题。为加快推进步伐，县委、县政府主要领导多次带队赴杭州市委、市政府和省交通厅等有关单位进行对接，得到了省相关部门及杭州市的大力支持。杭州、德清两地政府共同成立了德清杭州公交开通工作领导小组，并组织召开了多次协调会，明确了两地相关部门在公交开通工作中的职责和要求，为顺利开通公交铺平了道路。之后，省运管局，杭州市城建委、城管办、物价局、交通局以及湖州市交通局，德清县物价、建设、交通部门均给予了大力支持，主动对接工作，并在行政审批方面给予优先办理和简化。

城际公交的开通，需要组建企业负责具体营运。2007年12月20日，由杭州公交、杭州长运和湖州长运三家公司组建的杭州德清公共交通有限公司正式签约成立。德清县及时出台鼓励公交一体化的补助政策，并承诺对县内公交购置新车给予车价15%的补贴和杭德公交公司三年的场地免费使用的优惠。新成立的杭德公交公司杭州方面持股63%，湖州长运持股37%。之后，组建三方就公司组建的注册资本、注册地和管理模式等进行了明确，为城际公交的开通解决了最后的难题。

2008年1月18日，全国首条打破行政区划的公交车——K588城际公交正式开通。城际公交运营线路总长为51千米，全程平均运行时间90分钟，往返于德清客运总站和武林门附近的华浙广场间，途经密渡桥路、环城北路、莫干山路、104国道、舞阳街、中兴南路、中兴北路、北湖东街，中途设杭州汽车北站、上柏、英溪路口、富民巷口、吉祥街口5对停靠站，平均每趟公交车间隔时间为20分钟。运营之初，共投入49座安凯客车12辆，执行票价为单程10元/人次。

K588城际公交开通后，市民往返德清与杭州不仅免去了转车的困难，减少了路费，路上所需时间也由原来的两三个小时缩短了近一半，极大地方便了德清市民前往杭州，也因此吸引了不少杭州市民来德清游玩。城际公交开通后，日平均运输量从刚开始的800余人次迅速增长到2800人次左右。在2012年十一长假8天内，K588共计发送旅客2.25万人次，增开加班班次180个，同年的年客运量已超过100万人次，成为德清市民往返杭州的重要交通方式。除了惠及市民出行，城际公交的开通对德清的企业发展也意义深远，此前在杭州行政区域和经济结构调整后，德清县承接了不少杭资企业，到2008年已有三百余家，K588城际公交的开通无疑为不少家住杭州、工作在德清的企业职工出行提供了极大的便利，也为德清企业抢占杭州的人才和技术市场先机提供了砝码。德清与杭州都市经济圈“同城”效应的进一步凸显，为进一步推动两地经济社会领域的交流合作和加快德清县融入杭州都市经济圈步伐提供了重要的条件。

德清至杭州K588城际公交的开通，是德清深入实施“开放创新、接沪融杭”发展战略的一个缩影。这条公交线完全采用区别于长途客运的公交运营模式，是长三角地区首条真正意义上的跨行政区公交线，也是城际公交运行的一次成功探索和创新，为发展长三角交通圈提供了经验借鉴。之后，柯桥、安吉等地纷纷效仿德清开通了与杭州之间的城际公交。2011年11月，K588城际公交的开通被评为杭州都市经济圈“十大民生工程”之一。

“德清校车”运行模式成全国标准

为了让农村的学生享受到优质教育资源，2005年，德清县全面调整农村小学的布局，撤并了一些条件相对较差、规模较小的村教学点。但学生上学乘坐私营中巴车或公交车时，存在站点离家远、准时上学难等问题，并且中巴和公交超载、混载是常态，具有较大的安全隐患。为了让学生能够安全准时上学，2009年，德清县启动“学生交通安全保障工程”，并成立德清县学生接送工作领导小组。

根据《校车安全管理条例》规定和浙江省教育厅文件要求，德清县先后出台《德清县学生接送工作管理办法》《德清县学生接送车优先便利通行的实施办法》，逐步形成了“政府主导、部门监管、市场运作、公司管理”的校车运营的“德清模式”。

校车接送学生

2009年起，通过对多家客车制造企业的车辆安全性、可靠性、经济性、舒适性及售后服务等项目进行考察和两轮谈判招标，德清县先后七次向中标企业定购了30座的小型车、40座的中型车、51座和54座的大型车共96辆校车，总价约为2600万元，全额由县政府埋单。这些校车均符合国家专用小学生校车的强制国家标准，每辆车都安装空调、GPS定位系统、视频监控系统和行车记录仪。与此同时，德清县永安学生交通服务管理有限公司成立并独立承担校车运营工作。校车坚持“公益性为主、经营性为辅，政府加大扶持、公司节约成本、家长适当负担”的原则，经测算，政府每年补贴永安公司500万元，用于校车维修费、油耗、驾驶员工资等费用，普通学生每人每次乘车支付1元钱，贫困学生免费坐车。

校车运行线路以“安全、就近、便利、右侧下车”的原则经反复勘察后确定，由所在乡、村或学校提供相对宽敞的车辆停靠场地，并由乡镇政府牵头负责实施学生上下车停靠站点、候车亭和站牌的设施建设，在国道、省道及县道车流量较大的公路旁均设置双向停靠站点，在乡村道路设置的单向停靠站点处路面设置了人行横道线，切实保障学生上下车安全。2011年6月，县教育、公安、交通等部门发起“关爱孩子，礼让校车”的倡议；8月，县人大常委会作出了《关于学生接送车优先便利通行的决议》，县人民政府随即出台了《德清县学生接送车优先便利通行的实施办法》，给予学生接送车优先便利通行的权利，成为全国首个给予校车优先通行权的地区。2012年，德清县出台了《校车运行线路安全设施建设方案》《校车运行线路安全设施标准》，并将校车线路安全设施建设列入全县民生实事的百日攻坚项目，当年共投入672万元用于该项目建设，全县新建标准校车站牌410块，标准候车亭171个，改建公交站亭96个（其余为借用其他民用的安全场地），增设临水临崖路段安全防护栏14055米。

校车采用专车专用封闭运营模式，除日常学生上放学接送出车外，校车必须做到定时定点停放。在其他时段学校如需使用校车接送学生的，必须符合《德清县学生接送工作管理办法》的规定，并遵循“学校先提出申请，教育局进行审批，运行公司最后确认”的三步程序后方可运行。其他情况下，任何部门、单位和个人都不得挪作他用。学校在实施校车接送学生程序中严格执行“定人、定车、定班次、定线路、定座、定时、定点、定价”的“八定”原则，切实保证校车的专车专用。2015年5月起，德清县建立校车运行实时视频监控服务平台，学校可通过互联网对每辆校车进行实时监控，第一时间了解和掌握校车运行的情况。

自2009年首批校车入驻德清以来，校车成为德清老百姓关注的热点，中央电视台、《人民日报》《浙江日报》等主流媒体也纷纷来德清采访报道。德清校车工程被评为浙江省2011年十大民生工程。德清校车模式得到国务院的充分肯定。2011年12月，德清县应国务院法制办邀请参加了《校车安全条例（草案）》征求意见座谈会，时任国务委员刘延东、省委书记赵洪祝、副省长郑继伟、毛光烈等领导先后对德清校车取得的成绩予以肯定或做出批示。

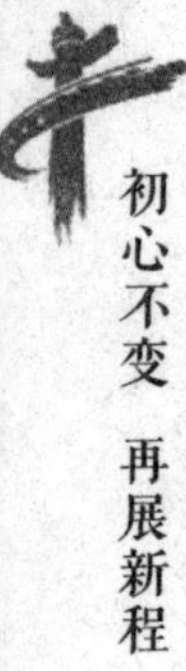

全国首创“乡贤参事会”治理模式

乡愁牵动乡情，乡情凝聚乡贤。在德清县，由乡贤们组成的乡贤参事会，参与农村的发展建设，延续乡土文化，重构乡村公序良俗，已成为德清依法治村、以德治村、自我治村的一支重要力量，在推进乡风文明、助推农村发展等方面起到了很大的作用。

德清县洛舍镇东衡村是乡贤参事会的发源地。2011年，东衡村有116名党员、70多名村民代表，但换届选举后的新一届村两委班子成员却只有6人。如何在村两委班子和村民之间建一支专注协调的中坚力量，起到四两拨千斤的作用？在征求村民和小组长意见建议的基础上，经党员大会通过，由两委会成员、老干部、党员、组长代表等19人组成的新农村建设推进委员会成立了。在推进委员会的参与下，涉及东衡村中心村建设的250户农户的200亩土地征地拆迁工作得以顺利进行，实现了征地拆迁“零上访”。

借助本土、外来、外出乡贤的集体智慧，协助推动基层治理工作，东衡村的做法，引起德清县委、县政府的高度关注。2014年，德清专门出台了《德清县培育发展乡贤参事会　创新基层社会治理实施方案》，以制度形式明确参事会的功能定位，为协调农户与龙头企业、合作组织、村委会之间的关系，协助党委、政府开展农村公益事业建设，协同参与农村社会建设和管理。参事成员采取个人荐、群众推、组织选等方式，从德才兼备的身边典型人物、从政经商的外出成功人士、投资兴业的外来创业精英等三类乡贤中推选产生，会员自愿参与，并经村党组织审核确认，不享受任何补助。会员大会选举产生会长、副会长、秘书长，任期三年，秘书长原则上由村支书或村主任兼任。会员30名以上的，成立理事会。在参事上，以“村事民议、村事民治”为导向，引导各村按照民意调查“提”事、征询意见“谋”事、公开透明“亮”事、回访调查“审”事、村民表决“定”事、全程监督“评”事等6个规定环节，规范乡贤参事会商议村级事务流程，形成村党组织领导下的群策群议、一体运作的运行体系。

德清县洋北村乡贤参事会成立仪式

2014年10月，德清县雷甸镇洋北村成立首个乡贤参事会，47名从村里走出去的党员干部、教师、民间艺人、企业家成为乡贤参事会首批成员。本着“村事民议、村事民治”的宗旨，协助推动群众参与基层社会治理，服务农村经济社会建设，“共建、共治、共享”美好幸福家园。成立一个月后，乡贤参事会成员出资办了一场“千叟宴”，邀请村里所有60周岁以上的老人都来参加，慰问老寿星成为乡贤们的第一个善举。之后，47名乡贤集资建立“乡贤第一灶”，设立“洋北乡贤基金”，每年为村内60周岁以上老人准备传统乡味，赠送280元慰问金，传承“孝文化”。杨北村还将近60位乡贤划分为“德清嫂”美丽家园行动队、“新财富”兴业帮扶指导队、“老娘舅”平安工作队等5支乡贤服务队。星星之火可以燎原。很快，德清县多个村都纷纷组建了乡贤参事会。

千余名乡贤，以乡音开路，用乡愁牵线，带乡情进村，活跃在村两委与村民之间，有效缓解了社会矛盾，受到群众的广泛好评。

在东衡村，凡是村里发展项目的规划和实施，都需要参事会的参与和监督。2015年起，乡贤参事会的每位成员都可列席村两委会和村民代表会议，参与完成了中心村天然气站建设、废弃矿坑填埋等重大事项决议20多项，并全程参与监督。在莫干山镇燎原村，乡贤们出资出力，联系9家企业开展“帮扶共建”，引进合作项目22个，推动落实资金970多万元，吸收87名村民进企业就业，结对困难农户12户。在新安镇下舍村，乡贤沈世晨出资帮村里修路……

乡贤参事会的成立强化了村务的监督管理。乡贤参事会作为村党支部联系群众的“连心桥”，破解了村党组织人手不足、精力不够等一系列现实问题，乡贤既是群众的民意代表，也是群众参事议事的监督代表。群众通过参事会参与到对村务的民主管理和民主监督中，这使参事会在群众中具有强有力的带动作用，村两委的工作任务交到参事会手中，都能得到群众的广泛支持和积极参与，参事会让老百姓有了主动性，党员干部来了“精气神”。

乡贤参事会的成立畅通了诉求反映渠道。乡贤参事会提倡“支部搭台、群众唱戏”，它作为新型基层自治社会组织，以规范化的手段实现了在社会矛盾和群众自治之间的最大公约数，在某种程度上是对政府服务的有益延伸和对社会矛盾的有效缓冲，确保了“小事不出村、大事不出镇”。“小事找乡贤，大事找政府”的理念深入人心。同时，政府借助参事会收集民情诉求，及时了解掌握来自基层一线真实呼声，寻求破解之道。

乡贤参事会的成立凝聚了民间草根力量。乡贤参事会不仅架起了村两委和村民之间的桥梁纽带，他们身上散发出来的文化道德力量也成了最鲜活的教材。乡贤参事会以“共谋、共建、共管、共享”为目标，汇集个体和群体能力特长，通过成立乡贤帮扶队、设立“草根奖”、推行“便民36条”、聘请“法制村官”等举措，有效整合镇村资源，实现社会资源的最大化。截至目前，全县共设立“治水英雄奖”等乡贤出资的“草根奖”39个，奖励5000多人，在和谐平稳中推动治水拆违工作落实，服务“两美”德清建设。

乡贤参事会是完善乡村治理机制方面的一次有效创新，打通了乡土社会与现代社会的有效衔接，推动了政府治理与村民自治的良性互动，构建了“社区协商·共建共享”的良好格局，成为群众心中的智囊团、连心桥、助推器、减压阀。乡贤参事会也因此成为德清农村基层民主建设的一个特色品牌，并获得民政部“2014年度中国社区治理十大创新成果”提名奖。

“通航智造小镇”加速起航

德清莫干山机场首航

通用航空是指使用民用航空器从事公共航空运输以外的民用航空活动，包括从事工业、农业、林业、渔业和建筑业的作业飞行以及医疗卫生、抢险救灾、气象探测、海洋监测、科学实验、教育训练、文化体育等方面的飞行活动。近年来，国家大力支持通用航空产业发展，2012年7月，国务院下发《国务院关于促进民航业发展的若干意见》，2013年，《民用航空工业中长期发展规划》《通用航空飞行任务审批与管理规定》《关于加快飞机租赁业发展的意见》陆续出台。2016年，省发改委和省交通厅联合出台首个通用航空相关文件——《浙江省通用机场发展规划》，德清的通用机场在此次规划中被定位为一类通用机场，作为航空产业配套，主要用于航空器试飞机场。

德清是浙江乃至全国最早抢抓通航产业发展机遇的地方之一。2011年，德清县出台《德清通用航空省级高技术产业基地发展规划》，规划包括经济开发区、临杭工业区、德清科技新城三大区块，总规划面积20.5平方千米，其中，临杭工业区为核心区块，规划面积约17.5平方千米。2011年12月，“德清通用航空省高技术产业基地”成为全省首家成功通过认定的基地，占领了浙江发展通用航空产业的高地。2014年6月，民航华东管理局完成德清通航机场场址审批工作；11月，南京空军司令部与浙江省人民政府签订德清机场空域保障协议。2015年3月，德清机场项目获总参正式批复同意。同时，浙江省发改委批复通过德清机场项目建议书。德清通航机场项目成为军方改革低空空域审批制度后浙江省唯一获批的通用航空机场项目，这为德清县发展通航产业、打造省高技术产业基地解决了“飞得起、落得下”的问题。

在通用航空机场建设的同时，德清通用航空省高技术产业基地引进了多家通用航空相关的企业，并积极谋划建设通航智造小镇。2013年4月，德清引进第一个通用航空产业项目——浙江通航航空产业项目，涉及建筑机械制造、重型钢结构制造加工、建筑工业化PC预制部件生产、电器制造等内容；9月，引进浙江瀚星通航产业园基地项目，包括飞机总装与零部件制造、通用航空代理销售与通航飞机运营、航空培训学院、飞机研发、航空商业服务中心等项目；10月，引进央企国网通航投资建设的华东中心巡航基地项目，覆盖华东地区六省一市的特高压、超高压等交、直流输电线路巡线作业，计划引进直升机10架。这三个项目涉及飞机整机与部件研发、制造、销售、培训、维修、租赁和展会多个行业，德清“空港经济体”框架基本成型。2017年3月，在浙江省政府新闻办公布的《浙江省航空产业“十三五”发展规划》中，德清通航智造小镇成为浙江要建的十个航空特色小镇之一。小镇规划面积3.5平方千米，计划依托通航机场，重点发展航空制造及通航运营两大产业内容，并延伸发展研发孵化、旅游休闲、文化体验、商业商务等产业内容，配套部分服务设施，形成以通航产业为主题的产业系统。2018年8月底，总面积6000多平方米的莫干山机场机库正式建成，浙江天悦航空技术有限公司等三家通航企业落实了租赁协议，随后，天悦航空的首批40架旋翼机抵达通航智造小镇莫干山机场，成为莫干山机场首批入库飞机。9月，德清莫干山机场竣工并通过验收，德清智慧通航公共服务平台正式落户德清莫干山机场。10月8日，民航华东地区管理局颁发德清莫干山通用机场使用许可证，德清莫干山机场正式获批投入使用。

2018年10月19日下午14点20分，国网通用航空有限公司的一架BELL429直升机成功降落在德清莫干山通用机场，并于次日转场飞往舟山执行作业任务。德清莫干山通用机场在获批后试运行期间终于迎来了首次保障飞行。这次飞行，让德清的“航空梦”照进现实，开启了德清通航智造产业发展新的里程碑。

户籍制度改革落地见效

为引导非农产业和农村人口有序向中小城市和建制镇转移，逐步满足符合条件的农村人口落户需求，逐步实现城乡基本公共服务均等化，2012年2月，国务院办公厅发布《关于积极稳妥推进户籍管理制度改革的通知》。5月，德清县被确定为全市户籍制度改革（以下简称“户改”）试点县，并启动户籍管理制度改革各项准备工作。12月，浙江省政府正式批复同意德清县为户改试点单位，并原则同意德清县试点工作方案。

2013年，县委、县政府将户改试点工作列为2013年度全县重点工作，制定出台《德清县户籍管理制度改革方案》，成立了户籍制度改革工作领导小组，并在县行政中心实体化运作。

德清县在户改工作全面实施前，已在全县范围内推行“三个确权、一个不变”，从体制上切实保障进城镇落户农民的合法权益，消除农村人口进城镇落户的后顾之忧。“三个确权”：一是深化农村土地及山林承包经营权确权：2004年，完成农村二轮土地延包发证工作；2007年4月，全面完成山林确权和林权证发放工作；2013年，对土地（山林）承包经营权确权工作进行核查。二是全面完成村集体资产收益权确权：明确农民在村经济合作社中的社员身份及其集体资产收益分配等权益的可继承和可转让性，保障进城镇落户农民权益，全县160个村经济合作社共核实村集体总资产18.32亿元，确定股东并投放股权证30.01万人。三是全面推进宅基地确权登记：对全县151个行政村开展全面农村宅基地情况补充调查，完成摸底调查和备案登记，切实保障进城镇落户农民合法拥有宅基地使用权和房屋所有权。“一个不变”是指稳定人口和计划生育等政策不变：户改前身份为“农业户口”的，继续享受农村居民原有的计划生育、征兵入伍条件等政策待遇。

在户改过程中，德清县同时推进“三项改革”，切实保障农业转移人口合法权益。一是建立城乡统一的户口登记制度，对全县德清籍居民435799人的户籍信息数据进行数据转换，取消农业、非农业户口性质划分，统一登记为“浙江居民户口”。二是完善城乡户口迁移制度，制定《德清县户口迁移暂行规定》，分类明确有合法稳定住所人员、引进人才、投资人员、有突出贡献人员、工作录用及调动人员、亲属投靠人员和其他人员等七类人员落户条件。三是建立实施居住证制度，制定《德清县新居民居住证申领及相关配套政策暂行规定》，对暂不具备落户条件或不愿落户的新居民实施居住证制度，按在德清居住时间、固定住所、个人学历、投资创业等情况，分类发放居住证和临时居住证，持证人员分层次享受与之配套的社会保障、公共服务等待遇。

与此同时，德清县按照“先易后难、量力而行”的原则，逐步消除依附于户口性质上的33项差别待遇。例如，在充分考虑财政和资源承载能力的前提下，相继出台就业困难人员申请认定、失业保险、就业扶持、就学、社会救助、住房保障、基本医疗保险等改革配套政策，消除户口性质差别待遇，随迁子女享受与当地城镇居民同等的就学政策等。还有逐步实行城乡统一的社会求助、住房保障、基本医疗保险等改革配套政策：农村居民的最低生活保障原来只有城镇居民的80%，现提升至100%，农村居民与城镇居民一样可享受廉租住房、经济适用住房保障；农村居民的“新农合”医疗保险与城镇居民的基本医疗保险并轨为城乡统一的城乡居民基本医疗保险，统一城乡居民在道路交通事故责任纠纷案件基本赔偿项目及标准。此外，对持有《浙江省居住证》和《浙江省临时居住证》的新居民，提供分级、分层次的社会保障和公共服务等待遇，共涉及13大类的43项政策待遇，进一步解决新居民在医疗卫生、子女教育、劳动就业等方面的实际困难，推动基本公共服务向新居民延伸，逐步实现基本公共服务全覆盖。2017年，随着最后一项养老服务的城乡并轨，依附在户籍背后的33项差异政策实现了全面并轨。

德清户改工作已成为全省乃至全国范围内一个成功样本，既为上层决策提供了实践经验，也为兄弟县区提供了样本参照，还为全国系统性户籍改革的推进树立了模板。这项工作得到上级领导和各级媒体的高度评价和关注。2013年6月，时任国务委员、公安部部长郭声琨到德清调研时，充分肯定了德清的户改工作。中央电视台、新华社、《人民公安报》等20多家主流媒体也集中宣传报道了德清户改在人口管理、农村产权保障以及城乡一体化发展等方面的做法与经验。

12345政府阳光热线架起政民连心桥

1997年爆发的亚洲金融危机给浙江的对外经济贸易造成了巨大冲击，在严峻形势下，省委、省政府大力改善投资环境，尤其是调整有关政策，改善投资软环境，并充分调动各地区、各部门的引资积极性。2000年3月，德清县政府提出当年为“环境质量年”，重点通过抓好科技、信息、人才三大工程建设，着力改善经济发展软环境。到2000年底，县内逐步组建起一个由73个职能部门、18条专线组成的“热线电话”办理网络，基本涵盖了与经济发展环境相关的各个方面。2001年6月1日，德清县改善经济发展环境县长热线电话（以下简称县长热线）正式开通，受理范围主要是涉及影响经济发展环境的各类投诉。

县委、县政府对县长热线的开通高度重视，为确保县长热线高效、健康运行，专门建立德清县人民政府改善经济发展环境县长热线电话联席会议，落实县政府领导和有关主管局负责人接待日制度，并确定分管领导、责任科室负责人、网络联络人。热线电话的开通受到了群众的热切回应，在短短7个月中，共受理群众来电1700多个，投诉热点依次为与经济发展环境密切相关的城市建设、环境保护、交通秩序、文体教育、市容管理、机关作风等。

在之后的几年里，在县委、县政府的高度重视下，县长热线电话工作逐步加强和完善，使一批事关投资创业环境和群众切身利益的问题得到及时解决，为民便民服务的机制进一步健全，得到广大群众和社会各界的高度信任和普遍好评。自2003年10月起，热线电话联席会议创新信息报送机制和新闻宣传监督机制，通过编发《12345快报》《12345工作动态》，将一些重点难点问题以专刊的形式报送县委、县政府，促进难点热点问题的解决。2004年3月，县委、县政府为进一步完善县长热线电话领导接听制度，增加领导接听密度，确定县级领导每年接听热线电话不少于一次，并邀请人大、政协参与接听指导监督，监察局（效能办）参加旁听。2005年6月，“德清县改善经济发展环境县县长热线电话”更名为“德清县县长热线电话”，受理范围也明确为对全县经济建设、社会发展、行政执法、机关作风、效能建设等方面的投诉、咨询、批评和建议，并指出涉及人大常委会、人民法院、检察院职权范围内的事项不属于县长热线受理范围。同年，县长热线电话办理协调督办平台建立并增设办公室，为进一步强化“96178”机关效能投诉中心的监督功能，充分利用12345县长热线的投诉资源，“96178”效能投诉热线与县长热线合署办公，二线合一。接听活动的扩展及二线合一促进了机关干部树立群众利益无小事的执政为民思想，加强了人大、政协对政府工作的指导监督，促进了制度建设和机关效能建设。与此同时，建立和完善部门乡镇的承办网络，到2010年，有11个乡镇、57个部门成为热线电话的网络成员单位，县长热线共受理热线来电55125件，为群众解决

全县12345政府阳光热线承办工作培训现场

了5万多个难题和困难，满意率达95%。县长热线通过加强与《今日德清》、德清电视台和德清广播电台的联动，开辟了民声热线专版、专栏，跟踪报道现场督办事项，进一步扩大社会影响力，有效提升政府为民服务的公信力。

2013年6月，在原"12345县长热线"的基础上，德清县整合全县43个部门的62条服务热线，统一纳入"12345政府阳光热线"进行受理。热线电话也由原来的8小时工作制转变为全年全天24小时接听、受理市民通过电话、网络、短信、传真等渠道反映的问题。并于次年5月建立由县监察局、县督查局、县法制办、"12345政府阳光热线"领导小组办公室等四个常规部门和所涉及的相关部门进行会商督办的4+X会商督办机制。针对部分会商督办的投诉件，通过现场踏勘、新闻媒体全程报道、县监察局问责问效等机制保证督办效果，切实解决群众诉求，维护群众利益。

2016年7月，根据《德清县深化统一政务咨询投诉举报平台建设实施方案》的要求，"12345政府阳光热线"管理办公室更名为"县12345政府阳光热线中心"，并于同年9月全面完成12315、12328等13条热线的整合。自2017年1月起，县12345政府阳光热线中心网上系统正式升级为湖州市阳光热线平台，并于同年11月将热线业务切换至省统一平台操作。

县长热线开通近20年来，受理范围从涉及影响经济发展环境的各类投诉逐步扩展为城乡建设、卫生健康、政法、交通运输、农村农业、劳动和社会保障、科技与信息产业、教育、自然资源、民政与应急等民生事件，并成为政府联系群众、为民办实事不可或缺的重要桥梁和纽带，为各部门改进工作，为改善全县经济发展环境，切实推进县委、县政府工业创强目标的实现起到了重要作用，也为提升全县公共管理、公共安全、公共服务水平，建设一流市民素质、一流城市品质和增强城市软实力、硬实力提供了重要保障。

“一把扫帚扫到底” 扫出城乡新面貌

城乡环境面貌不仅涉及当地居民的切身利益，更是展示地区整体面貌、反映当地发展环境的重要体现。为提升城乡环境，2009年，德清县开始实施“户集、村收、乡（镇）运、县处理”的城乡垃圾处理一体化工程，但仍然存在标准不明、权责交叉、条块分割等问题。2014年，住房和城乡建设部提出全面启动农村生活垃圾5年专项治理行动，德清县随即在全国率先实施“一把扫帚扫到底”城乡环境管理一体化新模式。

五四村垃圾资源化利用站

2014年3月，德清县以钟管镇作为试点镇探索实践，并随即在全县各乡镇（街道）开展城乡环境管理一体化工作。所谓的“一把扫帚扫到底”，就是将原来各部门和乡镇的管理职能统一划归到城管部门，并按照“管干分离”原则，专门成立德清县城乡环卫发展有限公司，由其对全县城区、公路、河道、集镇、村庄“五大区域”实行企业化管理，进行统一保洁、收集、清运、处理、养护，工作内容为环卫保洁、河道打捞、垃圾清运和绿化养护等。2015年2月，德清县出台《关于开展城乡环境管理一体化工作的实施意见（试行）》，基本实现全县“一把扫帚扫到底”全覆盖。2016年11月，德清县创新性出台了全国首个城乡环境管理一体化相关地方标准《德清县城乡保洁一体化作业规范》《德清县城乡绿化养护一体化作业规范》，建立了“一把扫帚扫到底”长效管理机制。

自2014年起，德清县按照垃圾处理减量化、分类化、资源化原则，先后在阜溪街道五四村、钟管镇青墩村、钟管镇蠡山村、洛舍镇东衡村、洛舍镇砂村、莫干山镇后坞村6个村开展生活垃圾分类试点工作，引导居民将生活垃圾分为易腐垃圾（厨余垃圾）、其他垃圾、可回收物、有害垃圾四大类，大力推动垃圾资源化利用，对其分别采用微生物发酵、焚烧发电和集中存放等方式进行无害化处理。至2017年底，德清县农村生活垃圾分类实现100%全覆盖。与此同时，德清县建立了专业的保洁队伍、绿化养护队伍约3000人，并以每个行政村2~3个环卫收运点替代原有的垃圾箱、垃圾房，垃圾实行直运，保持日产日清，防止二次污染。在此基础上，创新运用无人机、城管通、处置通、二维码芯片、GPS监控、绿岛车联网系统等一系列科技手段，对作业人员实行动态实时监管，促使其不断提升工作效能。

德清县“一把扫帚扫到底”的城乡环境管理一体化模式有效解决了原有模式标准不明、权责交叉、条块分割等实际问题，提升了城乡环境管理水平。2015年，在全国改善农村人居环境工作会上，德清作为唯一的县级代表进行了典型发言；在2016年12月的第三次全国改善农村人居环境电视电话会议上，时任国务院副总理汪洋充分肯定了德清县的“一把扫帚扫到底”模式；2017年，德清县入选全国首批农村生活垃圾分类示范县。除了这些成绩，德清的“一把扫帚扫到底”模式还获得中央电视台新闻联播、新华社、中新网，上海《文汇报》《浙江日报》等主流媒体、栏目的关注报道。

2018年8月15日，德清县城乡环境生态综合体示范基地正式建成并投入使用，基地由德清县综合行政执法局、清华大学环境学院、农业部规划设计院、中国农业大学、北京中源创能工程技术有限公司等诸多单位共同策划实施，破除过去单一的垃圾分类简单模式，重新构建新型的城乡垃圾分类全产业链循环模式，将垃圾分类宣传教育、垃圾处理、产物深加工、资源化利用有机结合，紧密联系居民生活与垃圾分类，形成独特的垃圾分类“四个一”德清模式，全方位呈现了有机垃圾处理及资源化的全过程，代表了目前国内最领先的技术与理念，标志着德清县垃圾分类开启新征程。

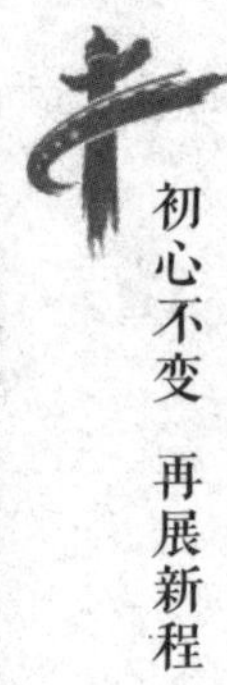

全县人民共饮一管水的实现

“供水一体全覆盖，城乡共享优质水。”过去的梦想变成了今天的现实。2018年5月，德清县地方标准《城乡供水一体化建设和管理规范》通过专家审定，作为全省第一个“城乡供水一体化建设”地方标准面世。然而在2001年，德清的自来水厂还都存在规格小、数量多、设备老、管理乱等问题，大部分水厂使用的水源水仍为河流水等地表水，人民群众的饮水安全存在着巨大的隐患。从2008年提出加快推进城乡供水一体化建设目标至今，短短10年间，德清的城乡供水一体化工作已经走在全省乃至全国的前列。

2001年起，德清县提出建设“一个中心、一个网络、两个重点水厂”的发展方案，不断推进城乡供水一体化工程。当年11月，德清县水

环中水厂平流式沉淀池

务公司成立，由武康、乾元、新市三家水厂组建而成，主要承担全县供水区域内自来水的生产、供给及供水基础设施的建设和维护。同年，德清县启动了自来水三级管网的建设，先后建成武康至乾元清水总管、武康至乾元原水总管、武康至洛舍总管、乾元至新市总管、乾元经雷甸新安禹越至新市总管、士林至钟管总管、新市至钟管—洛舍环网总管，完成了贯通全县中部地区的供水主干管网。在此基础上，配套建设乡镇二级供水管网配套，并组织各乡镇积极开展三级供水管网改造建设工作。其间，县政府将推进城乡供水一体化建设列为为民办实事的民生工程之一。2007年，县委、县政府联合下发《关于加快推进城乡四个一体化建设实施意见》。2008年，又出台了城乡供水一体化具体实施方案，三管齐下，切实保障全县城乡供水“同源、同网、同质”目标的完成。2013年，城乡供水一体化主体工程全线贯通。2015年底，一、二级供水主干管线全部完成铺设并顺利通水，全面实现对河口水库库区以下平原片全部乡镇街道一体化供水干管到位。共完成供水一级管线115千米、二级供水管线61千米，完成三级管网改造3574千米，建设集中供水点180组，投资18566万元，受益户数88344户，自来水通村入户率达到全覆盖。

为了保证水源安全，2006年3月，德清县出台了《对河口水库饮用水源保护管理办法》，使对河口水库水质常年保持II～III类水以上标准，年供水量达到6000万吨。同年，德清县完成了对河口除险加固加高工程，保证全县人民的大水缸稳定安全。同年4月，武康6万吨/日水厂（环中水厂）正式通水。新水厂启用后，武康地区供水能力从原来的2万吨/日增加到8万吨/日，供水能力明显增高，供水水质大为改善，极大地缓解了县城地区的供水需求矛盾。同年6月，乾元10万吨/日水厂项目开始筹建，由新加坡达阔环境有限公司投资1.65亿元建设净水厂及对河口水库至水厂的原水管道。2011年6月，乾元10万吨/日水厂（达阔）完成调试工作并于7月开始试运营。之后，环中、达阔两大水厂逐步承担起供水一体化覆盖地区的自来水供应工作，环中水厂主要负责武康片区的供水，达阔水厂主要负责城关等中西部地区的供水。与此同时，对原有的老水厂进行分类处置，将条件较好的几家水厂整顿改造成环中、达阔两大水厂的供水站，将条件不好的水厂予以关闭，最终形成以两个重点水厂为主、多个供水站相辅的供水布局。2017年，新建的武康6万吨/日水厂启用，全县总供水能力达到22万吨/日，其中武康环中水厂12万吨/日、乾元达阔水厂10万吨/日。

早在德清县城乡供水一体化工作基本完成之时，德清县委、县政府就意识到，单一的饮用水源和原水管存在安全隐患。一旦对河口水库原水管道受损或者突发污染事故，将会导致全县大面积停水危险，寻找合适安全的备用水源被提上日程。2015年9月，东苕溪备用水源工程启动并于2016年完工。东苕溪西岸的备用原水可通过两根原水管线输送至乾元10万吨水厂原水管线处，再经乾元水厂原水管线向西、向东分别输送至武康环中水厂和乾元达阔水厂，实现全域环网双源供水，为全县人民的安全供水提供多一重保障。

农村集体资产股份权能改革成全国样板

农村集体产权是现阶段我国基本经济制度的重要组成部分，关系到集体经济发展和农户经营性、财产性收入，是完善农村多种收入分配方式、缩小城乡发展差距以及巩固党的执政基础的重要途径。随着市场化改革的深入，我国农村集体经济组织资产规模、组织构成、成员身份等都出现了新的变化，但仍然存在农村集体资产归属不明晰、权责不明确、保护不严格、流转不顺畅等问题，严重制约了农村社会经济发展和农民财产性收入的增加。2013年11月，十八届三中全会提出“赋予农民对集体资产股份占有、收益、有偿退出及抵押、担保、继承权”。2015年5月，农业部、中央农办、国家林业局印发了《关于积极发展农民股份合作赋予农民对集体资产股份权能改革试点工作的批复》，德清县入选全国29个试点县之一。

早在2013年，德清就已在省内率先完成全县160个村的集体资产股份制改革，集体经济组织统一更名为村股份经济合作社。全县共核实经营性净资产2.47亿元，量化村级集体经营性净资产2.18亿元，确定股东人数30.01万人，发放股权证书9.07万本。2015年8月，德清县下发《德清县积极发展农民股份合作赋予

德清县农村集体经营性建设用地首宗入市签约

农民对集体资产股份权能改革试点工作推进方案》，并围绕村集体资产股份制改革后的管理体制与经营机制创新，以确定社员权（社员资格）为基础，以社员身份的动态管理与股权的静态管理为主线，相应确定民主权与财产权，创新并规范农村基层治理机制，德清县相继出台了以“一方案、一章程、三办法、三制度”为主要内容的八项制度创新：《成员身份确认办法》《选举办法》《股权有偿退出办法》《成员登记备案制度》《股权继承赠予制度》《股权抵押担保制度》《政经分开试点方案》《合作社示范章程》，创新性地将农村人口分为社员股东、社员非股东、非社员股东三种类型，使村股份经济合作社社员身份的界定不再以户籍作为主要确认依据，打破了以农村户籍关系作为享有集体经济权利的传统惯例。并对照农民对集体资产股份占有、收益、有偿退出、继承、抵押、担保等“六项权能”，通过“确权确股确地”“确权确股不确地”等多种形式的确权登记方式，明确拥有土地承包经营权农户的股份，引导整村、整组土地流转。

同年8月，德清县被列入全省开展农村土地承包经营权确权登记颁证12个整县推进的试点县之一。10月，县委、县政府联合下发《关于农村土地承包经营权确权登记颁证工作的实施意见》，将农村集体土地登记确权发证工作（以下简称“确权工作”）与农村集体资产股份权能改革工作（以下简称“股权改革工作”）结合，同步推进。

通过股权改革，德清县100%的集体经济组织成员身份得到确认，100%的村集体经济组织编制完成成员名册并纳入信息化管理系统归档管理，100%的村集体经济组织向成员发放集体资产股权证书。股权变更、交易统一纳入集体资产信息化监管平台，并在农村产权交易市场统一进行。2013年至2017年，全县股金分红从7个村分红181万元提高至33个村分红850万元，增长370%。股份权能进一步释放，做到了能转让、能继承、能回购、能抵押。2017年6月9日，德清县农村土地承包经营权颁证仪式在阜溪街道郭肇村举行，该村18位村民代表全村453户农户拿到了新的农村土地承包经营权证。这也是自2015年浙江省开展确权发证工作以来，以新标准颁发的农村土地承包经营权全省“第一证”。作为试点县，德清县在全省范围内做到了“三个率先”，即率先完成土地确权成果农户签字确认，率先完成测绘成果质量第三方质检，率先颁发土地承包经营权证。至2018年上半年，全县已有2553户中的家庭成员通过规范的继承程序合法继承股权，解决了股权继承情况下的变更处置实际问题；完成股权集体回购10起；全县集体资产股权抵押13户、贷款余额110万元，累计贷款350万元，有效拓宽了集体经济组织成员生活和生产经营活动中的融资渠道。

德清以确定社员权为基础，以社员身份的动态管理与股权的静态管理为主线，相应确定经济权与财产权，实现社员权与股权相分离，创新并规范农村基层治理机制，圆满完成了中央赋予的改革任务，为全国农村股份权能改革提供了“德清样板”。2017年12月，全国农村集体资产股份权能改革试点工作总结交流会在安徽省天长市召开，德清作为浙江省唯一的试点县上台发言。2018年5月，农业部委托第三方评估机构对德清县农村集体资产股份权能改革工作进行评估，评估组作出了德清的改革领先于全国其他试点县区的高度评价。

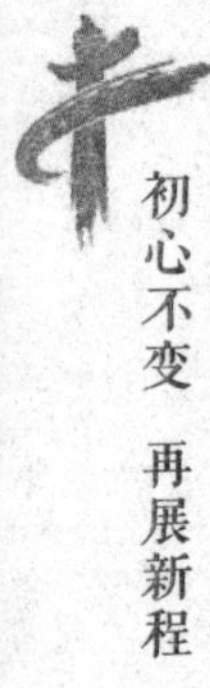

“最多跑一次”改革跑出德清效率

2016年年底，依据习近平总书记全面深化改革的重要思想，对照“八八战略”中“进一步发挥浙江的体制机制优势”的要求，浙江省创造性地提出“最多跑一次”改革。其目的是方便人民群众，让企业和群众在资料齐全、符合法定条件的情况下，到政府办事“最多跑一次”。

要实现“最多跑一次”，要解决诸多问题：多部门联动的“一件事”如何实现“跑一次”；涉及“第三方”中介的法定环节如何依据法律简化；各审批部门的信息如何完全共享等。对这些问题，德清县委、县政府采取各个击破，逐步解决。2017年3月，《关于加快推进“最多跑一次”改革工作实施方案》《德清县行政服务中心“一窗受理、集成服务”改革实施细则》《关于开展“五督五促”助推“最多跑一次”改革落地见效调研督察的实施方案》等文件一一落地，并由纪委、督察办开展专项督察。8月，德清县发布全省首个县级综合性“最多跑一次”地方标准——《政务办事“最多跑一次”服务规范》。与此同时，县行政服务中心对叫号排队区、自助服务区、休息区等功能区进行重新布局，设立不动产交易登记、商事登记、投资项目审批、公安服务、非常驻部门审批事项等综合受理窗口和快递

“最多跑一次”服务窗口

收发窗口，设立快递寄送服务窗口，实现行政服务中心快递寄送全覆盖。在此基础上，建设行政中心智慧大厅项目，在硬件上对排队叫号、信息发布、窗口服务评价等设备进行全面提升，在软件上通过整合一窗受理平台、连接政务服务网、开发微信预约等功能，逐步实现实体大厅智慧化和网上大厅实体化的融合发展。

为解决数据共享问题，德清在全省县级层面率先成立大数据管理发展中心，发布县级政务数据资源共享目录，推动各部门信息系统互联，推进公共数据交换平台和政务信息验证共享平台建设。以“一次录入、大家共用”和“一个数据用到底”为目标，对接53个省级部门254个数据接口，汇集52个各级部门7571个信息项，2246万条基础数据，实现公安、民政等9个部门23个证照信息共享，消除了企业、群众办事时多部门间电话确认、办理数据重复录入等冗余工作，实现了往来港澳通行证、社会保险参保登记、不动产登记查询等50多个事项的“一证通办”。

实现受理一窗化、服务集成化、全程电子化，最关键的一步就是全面梳理政务服务事项。对此，德清的做法是从与群众和企业生产生活关系最紧密的领域和事项做起，成熟一批，公布一批。2017年，德清县共公布三批“最多跑一次”事项。2月24日，县行政服务中心牵头公布首批县级部门“最多跑一次”事项355项；3月22日，县编委办牵头公布第二批县级部门“最多跑一次”事项602项；4月初，县编委办牵头公布了高新区、镇（街道）“最多跑一次”事项共564项。截至2018年12月，德清县梳理各部门政务办事事项664个主项、1367个子项，除省明确的例外事项，已实现政务办事事项“最多跑一次”100%全覆盖。在有序推进“最多跑一次”“零上门”事项扩面的同时，德清县积极探索“就近跑一次”的有效举措。相继出台了《县级部门下放至小城市试点镇及中心镇部分“最多跑一次”权力事项》《德清县“网上申报不出村　手机申报不出户”实施细则》等相关政策，以小城市试点镇和中心镇为典型，通过驻场办理、审核转报、委托下放等形式，大力推进镇（街道）事项网上办理，强化村（社区）网上办事代办服务，有效延伸“最多跑一次”服务末梢。依托镇（街道）、村（社区）服务平台，新安镇开展“青年信鸽”计划，新市镇成立专职联络代办员队伍，钟管镇推行镇、村“视频连线”，雷甸镇推出“华妞热线”平台，新市镇设立首个镇级出入境办理点，莫干山镇推行民宿网上申报等服务，各镇（街道）结合本地实际，因地制宜地推出了一系列上门服务、在线咨询等便民服务机制，都大力推进了群众办事就近跑甚至不用跑。

“最多跑一次”改革通过简政放权、数据驱动等“制度+技术”推进治理体系和治理能力现代化，引发了权力运行方式变革，实现权力跨部门“大循环”，办事从找“部门”转向找“政府”，机关效能有效提升；引发了政府治理的技术变革，使互联网、大数据与政务服务紧密结合，加快迈向“数据政府”“智慧政府”；引发了政府组织结构变革，部门职责关系进一步理顺，为深化机构改革提供了有益的基层探索。德清把“最多跑一次”“就近跑一次”改革作为撬动各领域改革的支点，为企业、老百姓带来了实惠、便利。相关改革举措频频被《新华每日电讯》、浙江卫视、《浙江日报》《湖州日报》、湖州电视台等县级以上媒体报道。2018年1月，中央全面深化改革领导小组审议了《浙江省“最多跑一次”改革调研报告》并予以肯定。2018年3月，“最多跑一次”被正式写入政府工作报告。

医药卫生体制综合改革惠民利民

2009年新医改启动以来，随着国家基本药物制度、公立医院综合改革的深入推进，一定程度上缓解了人民群众“看病难”“看病贵”问题。但县级医疗卫生机构存在重复竞争、缺合作、少共享等现象，呈现出基层医疗卫生机构能力薄弱，县级医院专科能力不强，无法有效承担基层首诊任务和危急重症患者救治，县域内就诊率和医保基金整体使用效率不高，也无形中增加了政府的财政压力等问题。

德清也有着全国不少县级城市均有的医疗体制问题。为构建优质高效的整合型医疗卫生服务新体系，2017年10月，在充分借鉴福建、深圳等地医改成功经验的基础上，德清结合自身实际，出台《关于创新实施医药卫生体制综合改革的若干意见》《德清县健康共同体建设实施方案》，在全省率先开展了以县域医共体建设为主抓手、以放管服改革为导向、以三医联动为引擎、以分级诊疗为目标、以医防融合为载体的县域综合医改。次月，德清县整合3家县级医院、12家镇卫生院（社区卫生服务中心）和134家村卫生室（社区卫生服务站）资源，按地域组建武康健康保健集团（中西部）和新市健康保健集团（东部）两个医共体，通过明确医共体成员单位的功能定位和学科发展方向，推动各单位错位差异发展，加快学科整合、人员融合和强强联合，避免学科重复建设、过度竞争和资源浪费，重组整合、优化配置医共体内所有床位、设备、号源等资源，实施统一的药品、耗材和设备等集中采购，依托“云影像”“云胶片”等共享平台，建成统一的检验、影像、心电诊断和消毒供应等共享服务中心，实现县域内检查检验结果互认共享。县疾控中心、县妇幼计生中心的预防保健资源下沉到两个集团，两大保健集团分片区

德清县武康健康保健集团

全面负责群众的公共卫生、预防保健和医疗任务，并逐步推出药物和健康双处方，老年人流感疫苗免费接种、慢病基础药物免费使用，家庭病床、签约入企、县级医院签约方便门诊等家庭医生签约服务。集团成立之初，分配52名县级专家每周2至3天在卫生院坐诊、带教、查房，以解决卫生院常见病、慢性病、多发病诊治能力不足的问题。同时，卫生院安排优秀医护人员到县级医院进修，提升基层卫技人员业务能力。2018年，9家卫生院设立全科—专科联合门诊、专科医生工作室，6家卫生院设立县镇康复联合病房。依据这些探索性工作，同年9月，德清正式实施全省首个医共体地方标准规范《县域医疗卫生服务共同体建设指南》。

县委、县政府还充分利用德清地理优势，积极争取沪杭大医院优质资源，推动医联体建设。这期间，分别与浙江大学医学院附属儿童医院签约共建高水平国家级儿童医疗中心，与邵逸夫医院、浙大医学院附属儿童医院、上海市第一人民医院等建立战略协作关系。2017年11月，邵逸夫医院与德清县人民政府合作共建“健康中国示范县”签约，德清县人民医院挂牌浙江大学医学院附属邵逸夫医院德清院区。在签约期间，邵逸夫医院选派专人担任县人民医院的常务副院长，指导14个合作专科科室的学科规划和发展，派驻专家25名，提供查房、会诊、手术等技术指导，优化县人民医院胸痛中心、卒中中心、创伤中心三大中心的急诊流程，联通节约现场救治、转运等各环节时间，提升相关疾病的救治水平。2018年1月和7月，在邵逸夫医院的帮助下，县人民医院分别启动全科门诊和全科病房开设。同年4月，为期6年的“潜力医师”项目启动，依据“一带一、二对一骨干人才培养计划”，由邵逸夫医院对德清医护人员进行业务、管理等培养，提升县人民医院的人才储备。

在建设医联体和医共体的同时，三医联动管理体制改革也同步进行。2017年11月18日，德清县整合发改（医疗服务价格）、民政（医疗救助）、人力社保（医保）、卫生计生（药品耗材采购）等部门有关医改的职能，组建全国范围内首个实体化运作的县域医疗保障办公室（2019年政府机构改革后组建县医保局）。并将医保、医疗、医药统一专人分管，提高政策衔接、综合监管能力和工作推进效率。2018年3月，《德清县基本医疗保险医疗费用结算管理办法（试行）》印发。德清全面推行以集团为单位的医保总额预算、结余留用、合理超支分担管理，推进住院按疾病诊断分组付费（DRGs）、门诊按人头付费的多元复合式医保支付方式改革，促使集团主动控费，规范医疗行为。

以医联体建设借势借力，以医共体建设结合三医联动改革合理盘活县内卫生资源之外，县委、县政府积极落实政府办医主体责任。2016年6月和9月，德清医院异地迁建、县人民医院二期项目作为县政府交钥匙工程分别启动，并由县财政出资购置进口DSA、64排CT、1.5T磁共振等大型医疗设备，县乡两级财政出资开展新一轮乡镇卫生院标准化建设和美丽村卫生室建设。2018年9月，县政府出台《德清县高层次医疗卫生人才引进实施办法》，定向培养社区医生265名，进一步加大人才引进培养力度。以县域“医共体”为基础的综合医改，让患者在基层医院就诊时也能享受到优质医疗资源。为进一步在县域范围内提升诊疗水平，德清积极探索发展医疗人工智能应用。2018年9月，县政府与腾讯签署战略合作协议，打造县域AI医学示范基地，推进医疗AI向基层下沉。之后，三家县级医院开始利用“腾讯觅影”辅助诊断系统开展肺结节、食管癌等病种的辅助诊断和早期筛查。建设临床决策辅助系统，为基层医生提供决策参考，提高鉴别诊断与治疗的能力。

医联体推动大病不出县、县域医共体推动小病不出镇、家庭医生签约推动首诊不出“村”，德清通过整合要素资源，从“单打独斗”到“共和共融”，撬动医改领域深层次变革，打通服务群众健康“最后一千米”。2018年3月，德清县被国务院表彰为2017年度全国公立医院综合改革成效明显地区。2019年，被省政府表彰为推进县域医共体建设工作成效明显县，并连续两年收到国务院医改领导小组秘书处对我县医改工作的感谢信。2019年，县域内就诊率达90.18%，基层就诊率达71.95%，县内三、四类手术同比增长6.32%，5家乡镇卫生院恢复或新开展了一、二类手术；实现等级卫生院全覆盖，有一半以上卫生院获评“全国满意乡镇卫生院”。全县医保基金支出增长7.95%，远低于全国全省平均水平，其中县域内、医共体、县外、民营机构的医保基金支出总增长率均得到较大幅度的下降。德清县医疗资源得到了优化，医疗服务能力得到了提升，德清百姓享受到了最便捷、最优质的医疗资源，人民群众就医获得感得到了增强。

联合国地理信息大会的成功举办

2018年11月19日至21日，联合国世界地理信息大会在德清县举行。这是继G20杭州峰会、乌镇互联网大会之后，浙江迎来的又一次“国际盛会”，也是测绘地理信息领域迄今为止在中国举办的层次最高、覆盖面最广的一次重大国际多边活动。

联合国地理信息大会能在德清召开，背后是德清地理信息产业在短短几年间的迅速崛起。地理信息产业是一个涉及地理信息相关的硬件设备制造、软件开发、数据与产品生产、系统集成、信息与技术的服务等各个方面的新兴产业，具有广阔的市场需求和发展前景。2009年，浙江省测绘与地理信息局（以下简称省测绘局）开始大力发展地理信息产

2018年11月19日，联合国世界地理信息大会在浙江德清举行

业。与之同时，德清县委、县政府为贯彻浙江省委“两创”总战略、打造区域创新体系，进一步深化“德清模式”产学研一体化，加快推进新型城市化、凸显城市特色，于2009年开始规划德清科技新城。科技新城规划面积近5平方千米，按照县委、县政府“做产业、做城市、做科技”高度融合的要求，科技新城抓住浙江省大力发展信息经济的时机，积极推进地理信息产业发展。2011年5月24日，浙江省地理信息产业发展座谈会在德清莫干山召开，省测绘局和德清县政府共同签订了《共建浙江省地理信息产业园合作框架协议》，并将浙江省地理信息产业园（以下简称产业园）落户在科技新城核心区块。同年9月，省测绘局印发了《浙江省测绘与地理信息局关于支持浙江省地理信息产业园企业发展的若干意见》，鼓励和引导地理信息及相关企业向德清集聚。10月，由省测绘与地理信息局、省经济和信息化委员会、省国土资源厅、德清县人民政府共同主办的“中国浙江地理信息产业发展推介会”在杭州成功举办。会上，18家省内外知名地理信息企业与德清科技新城管委会签订了投资协议，总投资金额超过60亿元，从此拉开了地信企业纷至沓来、入园兴业的序幕。之后，科技新城管委会每年至少在北京、深圳、武汉、上海等全国各地举办招商推介会5场以上，以独特的生态、区位优势和优惠的政策吸引了大批企业来德清考察、落户。

浙江省地理信息产业园

2012年5月24日，浙江省地理信息产业园奠基仪式在德清举行，产业园建设正式启动。同月，国家测绘与地理信息局、浙江省人民政府、联合国统计司在杭州签署三方协议，“中国—联合国地理信息国际论坛”会址正式落户产业园。至2014年，产业园成功引进浙江国遥、正元地信、中海达、南方测绘、中测新图等一批有特色、有竞争力的地理信息企业，基本形成涵盖数据获取、处理、应用、服务的完整产业链，当年入园企业实现税收5034万元。产业园地理信息产业集聚效应显现，被称为中国地理信息产业“南园”。

德清始终按照“做产业、做城市、做科技”的理念，坚持把“产城融合”贯穿于园区建设全过程。2015年，产业园发展迎来新的契机，省政府要在全省培育一批特色产业小镇。县委、县政府抓住机遇，决定将产业园打造成德清地理信息小镇（以下简称地信小镇）。同年6月，地信小镇成功入围省首批37个特色小镇创建名单。在插上了特色小镇的发展翅膀后，产业园发展更是一日千里，先后吸引了中科院遥感所、亚洲最大的GIS龙头企业超图软件、国内首家全产业链商业航天遥感卫星企业——长光卫星、中国四大北斗芯片厂商——中科微电子、农业植保机的领导者——极飞地理、北斗基地全国“一张网”建设方——千寻位置等龙头企业，涵盖了传感器、无人机、数据存储、遥感卫星数据应用等一批项目，地理信息朝着产业跨界融合方向不断拓展延伸，产业生态链逐步形成，并着眼构建产业森林。

在坚定不移深耕地信产业高端领域和高端环节的同时，地信小镇将生产、生活、生态“三生融合”，引导地理信息主导产业发展成具有较强辐射力、带动力和竞争力的产业体系，并突出产业、文化和旅游特色，体现宜居宜业宜游的地理信息小镇风格。一方面，结合联合国全球地理信息管理德清论坛会址项目建设，地信小镇大力推进中创科技园、地理信息创新园、遥感创意中心、科技新城道路工程（三期）等重点项目建设，另一方面，大力引进航天科技、航天科工等一批龙头企业，通过“南太湖精英计划”等平台引进和培养地理信息产业急需的高技能人才，并完善为入园企业及其员工提供“零地价”“人才公寓”“新居民”等政策，推动地信小镇从单一的产业逐步发展成完善的产业链。此外，地信小镇积极推进入园企业的技术、产品在“五水共治”、土地测绘等政府性工程的示范应用，打造“德清籍”智慧城市示范项目27项。2015年12

月，产业园荣获“德清地理信息省级高新技术特色产业基地”。

2016年初，浙江德清经济开发区、科技新城、临杭工业园、场站新区联合组建了湖州莫干山高新技术产业开发区（以下简称高新区）。高新区进一步调整产业格局，大力发展以高端装备制造、通用航空、地理信息和生物医药为主导的战略新兴产业，通过淘汰落后产能，推进供给侧结构性改革和“亩产效益”评价机制，使资源要素向优强企业倾斜；加大小微企业扶持力度，引导企业实施“四换三名”“两化融合”，以政策扶持的方式进一步促进地信小镇的发展。2017年8月，德清地理信息小镇跻身2016年度全省优秀小镇之列。

2017年11月，小镇成功举办国际工业级无人机暨北斗卫星应用产业发展高峰论坛，中国卫星之父孙家栋为德清题词“德清航天，全球产业”。2018年1月19日，全国首颗以县域命名的遥感卫星——“德清一号”卫星发射。不到8小时，首批卫星遥感影像就成功传回，在五水共治、灾害监测、粮食估产等领域为德清农业、水利、林业等部门提供数据支撑，同时为小镇企业提供公共数据服务，为打造大数据背景下的地理信息应用市场提供了支撑，更为地信小镇的知名度的提升和联合国世界地理信息大会的推广起到了重要作用。与此同时，亚洲唯一、国际领先、功能高度集成的微波特性测量与仿真成像科学实验平台在2017年落户小镇，有效填补了我国在微波遥感领域缺少大型综合性实验装置的空白，在德清县委、县政府和地信小镇的积极协调下，微波特性测量实验室被认定成为湖州首批省级重点实验室。2018年9月，德清地理信息小镇成为全市首个省级特色小镇。

从动工建设到联合国大会召开前夕，德清地理信息小镇，经历了从无到有，崛起为一个“击云破晓”的产业新城，吸引了一大批“金凤凰”落户德清，成为浙江数字经济“一号工程”的一颗璀璨明珠。作为国际地理信息产业集聚地，不仅各类地理信息企业相继入驻，还有中科院微波特性测量实验室、武汉大学技术转移中心、浙江大学遥感与GIS创新中心、中欧感知城市创新实验室等科技创新载体，形成涵盖数据获取、处理、应用、服务等内容的完整产业链。到2018年，地信小镇已经集聚以地理信息为主的各类创业团队67个、创业创新人才2000余名，引进院士专家10名、“国千”“省千”人才23名，成为地理信息领域的“达沃斯”。

2018年11月19日至21日，来自全球83个国家和地区的1200多名嘉宾围绕“同绘空间蓝图，共建美好世界”这一主题，纵论地理信息技术发展大势，展示地理信息技术成果成就，共商地理信息合作思路。大会贡献了全球首个基于地理与统计信息的践行联合国2030可持续发展目标定量评估报告《践行联合国2030可持续发展中国（德清）样本》，充分体现了习近平总书记“绿水青山就是金山银山”重要思想的具体实践，为推动全球可持续发展提供了经验和范例。大会发布了旨在“同绘空间蓝图，共建美好世界”的《莫干山宣言》，成为世界地理信息发展的共同纲领，并明确第二届联合国世界地理信息大会将在4年内举行。同期进行的联合国世界地理信息技术与应用展览，集中呈现了来自40多个国家、200余家企业的450多项关于卫星导航、航空航天遥感、位置服务、5G、无人驾驶汽车等领域代表世界最先进水平的技术、产品与应用。大会组织了30余场成果发布和推介会，工商峰会上63个产业项目签约，其中地理信息项目39个，地理信息跨界融合项目24个。此次大会标志着基础地理信息的合作，开始从专家层面上升到政府间层面，从过去简单的专业领域合作上升到服务联合国2030年可持续发展议程实施层面。这对推进地理信息技术的发展、促进地理信息技术的应用和加强国际合作等都具有重要意义。

在改革开放40周年的重要节点上，大会以地理信息为纽带，与联合国各成员国间有效构建起更为紧密的联系，进一步扩大了国家间、区域间、“一带一路”和全球合作网络。作为大会的举办地，德清向全世界呈现了一个美丽和谐、开放包容的国际化山水田园城市，特别是作为一个县参与全球经济社会竞争与合作的能力潜力，全力打造国际地理信息领域的时空数据中心、产业发展中心、科技创新中心、国际交流中心、培训体验中心。

长风破浪正其时，直挂云帆济沧海。地信大会是短暂的，但释放出的能量是长远的。大会结束之后，德清迅速进入“后大会时代”。2019年4月，德清以全国第一的成绩荣获2018年度“全国县域数字农业农村发展水平评价先进县”，成为第一批部省共建乡村振兴示范省先行创建县。6月，立足地理信息产业优势，德清启动创建全省首个全域城市级自动驾驶与智慧出行示范区。这正是推动“地理信息+车联网”跨界融合的一大成果。9月，浙江首次开展省级特色小镇“亩均效益”评价工作，德清地理信息小镇入选首批2018年度省级特色小镇“亩均效益”领跑者。11月初，德清获批成为全国首个落户县域的国家新一代人工智能创新发展试验区，这也将为德清在大力推动人工智能等产业融合创新发展上提供新的机遇。

地理信息让生活更美好正在逐步实现。在推动地理信息、人工智能与智慧城市、实体经济深度融合的过程中，德清已成为全国首个拥有阿里云ET城市大脑的县域，投入使用智慧德清时空信息云平台、城管物联网平台和大数据平台、停车智能管理系统、垃圾分类智能监管系统等，社会治理创新相关内容入选联合国2030年可持续发展典范案例，并将在第74届联合国大会及2019年联合国高级别政治论坛上展示推广。中国的地理信息小镇，正在创造世界地理信息产业的未来。

浙江工业大学莫干山校区正式开园

2020年9月，浙江工业大学（以下简称浙工大）莫干山校区迎来首批2800余名学生搬迁入驻。自2014年11月德清县人民政府与浙工大签订全面战略合作协议以来，历时近6年，浙工大莫干山校区首个开学季正式开启，校地合作进入新篇章。

德清的校县合作历史悠久，1983年7月，德清县委、县政府与中科院上海硅酸盐研究所在全国首创“产、学、研”紧密结合的方式，被称为“德清模式”。“德清模式”走过三十余年，不仅使科研与生产两者紧密地结合在一起，为我国技术开发类科研机构的体制改革创造了条件、积累了经验，也让德清的经济迅速发展，于1994年首次迈入全国百强

2017年8月31日，浙江工业大学德清校区项目开工仪式

县。之后，德清县一如既往地深入实施人才强市、科教兴市和创新驱动发展战略，不断加大开放办学力度，大力推动与国内外知名院校交流合作。2014年11月22日，在第五届游子文化节上，德清县政府与浙工大签署《全面战略合作协议》，内容包括“共同建设浙工大德清校区、推进高层次人才集聚与创新人才培养”等多方面的合作，跨出了校县合作第一步。2016年10月，省政府批复同意设立浙工大德清新校区。同时，省发改委批复同意《浙江工业大学德清校区建设工程项目建议书》，意味着该项目正式立项。

浙工大是一所综合性省属重点大学，始建于1953年，是“省部共建”高校，国家首批14家“2011协同创新中心”之一，综合实力居全国高校百强。而德清作为“政产学研金介用”结合的典型，科技创新一直走在前列。德清与浙工大的校县合作，旨在将省属重点高校优质教育资源与德清的人文历史、生态环境、特色产业、区位交通等优势条件成功对接、整合、提升，进一步打造办学特色品牌，建设更高水平的大学，并通过发挥共建优势，全力打造“浙北硅谷”。

为了打造这座“浙北硅谷”，德清县全力以赴加快项目推进，成立专项校区协调推进工作领导小组，并设立综合协调、工程建设、项目验收、环境提升、综合配套、校地合作等6个专项工作组，全力保障德清校区建设顺利推进。2015年7月，德清校区配套工程征迁正式启动，三天内便完成416户农户的入户调查和丈量工作。次月，浙工大德清校区项目举行开工仪式。2019年5月27日，经研究决定，德清校区名称确定为“浙江工业大学莫干山校区”。2019年10月18日，浙工大莫干山校区开园仪式在德清县莫干山校区举行。莫干山校区位于智能生态城，占地66万平方米，其中，南至长虹东街，东至莫舞路，西至虎山路，北至金鹅山港。校区按全日制在校生10000人规模建设，拥有教学科研用房约25万平方米，后勤保障用房约15万平方米，具体包括教学楼、图书馆、学生宿舍、科研用房等，以及室外道路、运动场地、绿化等附属工程。

在德清县委、县政府举全县之力紧锣密鼓展开校区建设的同时，双方就开启了联建共享、协同发展新局面。2018年12月，德清校区建设工作首次推进会在浙工大朝晖校区举行。会议听取了校县双方关于德清校区建设进展情况的通报，并围绕工程质量及建设进程、教职工公寓建设、医疗及基础教育等校区周边配套建设、入驻校区教师的支持政策、校区开园及搬迁安排、政产学研合作等方面展开了充分且深入的交流。之后，校县双方又八次召开全面合作联席会议，并以此为基础建立健全各个层级的工作会商机制，为加快推进德清校区建设，扎实稳妥做好开园办学工作提供了稳定的交流平台。

与此同时，校县合作也在如火如荼地进行中。2019年4月，浙工大信息学院与中科卫星应用德清研究院合作共同签署《中科卫星应用德清研究院—浙江工业大学信息工程学院全面战略合作协议》。2019年7月和2020年5月，浙工大附属秋山幼儿园和浙工大附属中学分别揭牌，促进浙工大教育资源向德清基础教育开放，为高等教育输送更多高质量生源。2019年11月，浙工大和德清县政府共同承办小城镇规划学术委员会年会暨“新常态下的特色小城镇规划、建设和管理”专题研讨会。2020年6月，浙工大之江学院与莫干山国际旅游度假区校地合作签约，共同打造“莫干山民宿学院”，助力莫干山民宿等产业发展。2020年11月，浙工大莫干山校区管委会和康乾街道签署全面战略合作协议，围绕生态共治、平安共建、文化共享、发展共促和品牌共创等五个方面开启全面战略合作；“浙江工业大学·康乾街道新时代文明实践基地”“浙江工业大学·康乾街道思政实践教学基地”“浙江工业大学·康乾街道生态文明实践基地”正式揭牌。这一系列合作背后，正是校县合作探索的新路径。

2020年9月22日至23日，浙工大莫干山校区迎来首批2800余名大化类本科生（除大一外）入驻。莫干山校区共设置化学工程学院、生物工程学院、药学院、长三角绿色制药协同创新中心、环境学院、材料科学与工程学院、食品科学与工程学院及大化类相关直属机构。这首批学生的正式入驻莫干山校区，是浙工大六十余年办学历程中的一件大事，更是改革开放以来德清实施人才强县、科教兴县和创新驱动发展战略的一件大事，标志着德清彻底告别了没有本科大学的历史，也标志着校县合作打造浙北硅谷迈入全新的阶段。

众志成城　抗击新冠肺炎疫情

2020年1月，一场突如其来的新型冠状病毒感染的肺炎疫情（以下简称新冠肺炎疫情）在中国发生，以习近平同志为核心的党中央第一时间就把这场战“疫”看作一场大规模的“战争”。德清县委、县政府在党中央的坚强领导下，在省、市两级党委和政府的部署下，积极组织各部门、各乡镇共同努力，带领全县人民应对新冠肺炎疫情，取得了阶段性胜利。

1月21日，浙江省发现首例新冠肺炎观察病例，疫情防控工作随即启动。当天晚上，德清县迅速成立由县委书记王琴英，县委副书记、县长敖煜新担任组长的县新型冠状病毒感染的肺炎疫情防控工作领导小组（以下简称疫情防控领导小组），并举行会议部署相关工作。会议强调，要坚决贯彻落实习近平总书记、李克强总理的重要指示批示精神，切实把思想和行动统一到党中央、国务院和省市的部署要求上来，全力以赴做好德清县疫情防控工作，切实维护人民群众健康安全。次日，县委副书记、县长敖煜新先后到口罩生产企业浙江欧洁科技股份有限公司、县人民医院、高铁站和客运中心实地检查新冠肺炎疫情防控工作，并召开会议听取各工作组防控工作落实情况汇报。1月24日，《关于加强新型冠状病毒感染的肺炎疫情防控工作的通告（第1号）》（以下简称第1号《通告》，以此类推）发布，全县启动一级响应。两天内，高新区、各镇（街道）第一时间召开部署会，严格按照上级要求全面开展疫情防控工作，落实安排备勤值班人员，全力做好防控工作。1月25日凌晨1:30左右，德清县疫情防控专家组第一时间将新冠肺炎疑似病例的相关密切接触者转移至集中隔离医学观察点，并根据《传染病防治法》和相关规范要求划定患者曾居住的整栋楼为疫点，于当天早上6点完成对室内环境和楼道的消毒。武康、新市两大健保集团各院区的发热门诊启动24小时开放。当天，疫情防控领导小组发布第2号《通告》，从当天起暂停全县所有大型及以上餐饮机构、棋牌室、茶室、咖啡馆营业；并发布交通管制公告，对德清县杭宁高速德清北收费站、练杭高速雷甸收费站、练杭高速新市收费站进行双向封闭。与此同时，德清县开通24小时电话接受社会各界爱心人士捐赠。

新市善琏开展联防联控

1月26日，德清县首例确诊病例通报，患者为湖北武汉来德清探亲人员。之后两天，又各新增一例确诊病例，均为输入性病例。由于德清县委、县政府第一时间积极响应，采取了必要的疫情防控措施，3名患者均在德清定点医院隔离治疗，病情稳定，其密切接触者也都实行了统一的定点医学观察，未发现异常情况。为坚决遏制疫情蔓延，最大限度减少人员流动，最大程度保障人民群众生命安全和身体健康，2月4日起，疫情防控领导小组召开会议，并决定即日起在全县范围内实行第8号《通告》的“十项禁令”，这也是全县疫情防控“最严禁令”，内容涉及严格执行“全民不出门”、交通管制、公共场所管控等。

在积极防范、全力以赴做好县内疫情防控工作之时，德清县密切关注疫情。1月28日，德清县两名医护人员曹伟伟、唐芳芳入选成为浙江第二批抗击新冠肺炎紧急医疗队队员，驰援武汉。2月9日和13日，德清县又派出两批13名医护人员驰援湖北。与此同时，县内多家企业纷纷贡献“德清力量”，捐赠物资。1月22日起，市内唯一一家拥有一次性使用医用口罩注册证的医疗器械生产企业——伊鲁博生物科技有限公司口罩生产线24小时运转，在6天内赶制30多万个医用口罩。为解决企业后顾之忧，湖州莫干山高新区为伊鲁博先行垫付80万预付款，以缓解企业资金压力。德清县经信局、商务局、工商联等部门主动上门服务，尽最大努力协调解决原材料、用工等问题，保障防护服、口罩等防疫物资生产。2月5日，疫情防控领导小组向全县机关干部发出倡议：迅速沉到一线，巩固家园防线。全县党员纷纷下沉到居住地并成立临时党支部，全力做好疫情防控工作。

2月10日，德清首批治愈的两位新冠肺炎患者出院，2月22日，第3位确诊患者成功治愈。至此，全县确诊患者“归零”，疫情防控的曙光出现。

在持续做好疫情防控工作不松懈的同时，助力企业复工复产也成为各级党委、政府新阶段的工作重点。为缓解疫情带给企业的冲击，德清县先后出台《关于落实主体责任延迟企业开复工加强疫情防控的暂行通知》《关于做好企业复工和疫情防控工作的通知》等政策措施，为企业提供开复工指导，严格企业开复工管理。并按照积极稳妥的原则，实施开

2020年1月28日，援助武汉抗击新冠肺炎医疗队出征仪式

复工审批备案制，分区分类分批组织企业有序复工。从2月1日起，陆续有企业提交开复工申请，截至2月10日晚，全县已有138家工业企业提交开复工申请。2月4日，德清县政府、莫干山高新区、德清经开区分别发布德清“16”条政策意见，高新区“惠”八条和“经开八条”。9日，德清县出台《关于应对新型冠状病毒感染的肺炎疫情支持农业生产经营主体平稳发展的政策意见》。14日，德清县又发布支持服务业企业健康发展的“十条意见”，支持企业和农业生产经营主体平稳发展，共度时艰。

2月10日，县内45家企业获批开复工生产。这批企业中有医疗物资生产企业、医疗物资配套企业、生活物资保障企业、外贸重点企业等。首批开复工企业都有效落实了12个“一律”管控措施，做到了防控机制到位、员工排查到位、设施物资到位、防疫管控到位、应急措施到位等五个“到位”。随着返岗返工高峰的到来，县内及时成立服务企业开复工防疫指导服务专班和防疫工作专家组、督导组、指导组，积极服务企业，助力复工复产。14日，德清县“深化‘三进三服务’、助力企业开复工”企业服务专员出征动员会以视频会议形式召开。会后，德清县各镇（街道）、部门迅速开展行动，积极深入企业分类指导、精准施策，安全有序推进企业复工复产。在县级层面成立了防疫指导、返岗用工、物流畅通、金融支持、法律保障、外贸出口、政策兑现七个服务专班，共有476名科级干部作为服务专员开启驻点服务1129家企业（项目）。至2月15日，全县共有770家规上工业企业复工，复工率98.6%。

2月16日，德清县下发《小微企业及个体工商户新冠肺炎疫情防控指南》，助力小微企业及个体工商户开复工。次日，又发布《德清县人民政府关于企业复工复产补助奖励的意见》《德清县人民政府关于应对新冠肺炎疫情支持民宿产业发展的政策意见》，助力企业、民宿业复工复产。至2月底，德清县已从金融扶持、税务减免、招工补助等方面出台了约5亿元的“惠企”大礼包。与此同时，为解决企业、项目人员缺口、员工复工率低等问题，德清县第一时间开通“返岗直通车”和复工铁路专列，以“点对点、一站式”的方式接回返岗人员，减少他们在返回途中感染风险，推动全县各类企业有序复工复产。同时出台一系列支持政策，并启动政府“地地合作”招才模式，抽调人员组成14个招工引才专班组，赴云南、贵州、安徽、河南、四川等14个劳务输出集中地开展线下招引，重点解决疫情期间德清企业用工与上述地区贫困劳动力就业难的问题。至3月初，全县金融机构疫情期间共为企业复工复产提供优惠利率贷款15亿元，为340余家企业减费让利814万元，有力有效支持企业疫情防控和复工复产。

2月16日，德清发布App发布湖州市疫情防控领导小组就湖州市推行“健康码”机制有关事项发布的《湖州市关于加强新型冠状病毒性肺炎疫情防控工作的通告（第14号）》，并公布健康码领取方式。全县通过开展“申领健康码，免费赢话费”活动，广泛发动全体市民和来德返德人员主动申领“湖州健康码”，实行“健康码”分类管理，为疫情防控工作常态化提供了条件。在德清县委、县政府紧紧围绕党中央及上级党委、政府的各项方针政策，一手抓疫情防控、一手抓复工复产的有力措施下，县内疫情防控工作逐渐趋于常态化。3月2日，浙江省新冠肺炎疫情防控应急响应等级从一级调整为二级。德清县随即发布第13号《通告》，提出各小区、村庄、企事业单位仍保留封闭式管理，村（社区）、企事业单位、商场超市、农贸市场、经营场所等进入实行“健康码（通行证）+测体温”机制，畅通人员流动，管住红码、黄码、发热等重点人员；继续密切关注来自疫情严重的重点国家重点地区的重点人员，境外、湖北等地来德返德人员（包括外籍人士）应提前报告，到德后落实2小时内向所在村（社区）报告制度并实行相应医学观察等。

然而，就在国内疫情逐渐好转之际，美国、英国、意大利等西方国家却为了一时的经济利益和商业利益，错失了疫情控制的最佳时机，导致疫情暴发失控，引发了华人、华侨回国潮，使不少地区产生了一批国际性输入病例。3月5日上午，德清县新增2例境外（意大利）输入性新冠肺炎确诊病例，两名患者均及时至定点医院隔离治疗。在做好新增境外输入确诊病例各项应急处置工作后，疫情防控领导小组第一时间召开会议，组建“涉侨疫情管控工作专班”，严防境外疫情输入扩散，由于县委、县政府及时采取应急处置工作，县内未产生继发病例，两名确诊病例后经治疗恢复出院，未产生继发病例。

为充分做好开学准备和开学后校园疫情防控工作，3月起，德清县研究制定《德清县学校和托幼机构新型冠状病毒性肺炎疫情防控指南》，选派115名骨干成立驻校助学健康指导督导组和驻校助学健康指导员队伍，开展开学复课前后的驻校助学健康指导服务，确保每个学校都有人驻校，建立学校教职工和学生“一人一档”的健康电子档案并实行健康码管理，加强健康动态监测和跟踪，实现全县所有开学学校和托幼机构指导全覆盖。根据省市县疫情防控领导小组统一部署，4月13日，县内初三、高三学生返校复课。一周后，全县高中、初中非毕业班和小学四至六年级的学生开学。随后，县内全部中小学、幼儿园全面开学复课，65000多名学生正常到校学习。

新冠肺炎疫情是百年来全球发生的最严重的传染病，是新中国成立以来遭遇的传播速度最快、感染范围最广、防控难度最大的重大突发公共卫生事件。在人民生命安全和身体健康面临严重威胁之际，县委、县政府紧跟党中央的正确决策部署，坚持人民至上、生命至上，领导全县人民迅速打响疫情防控的人民战争、总体战、阻击战，取得了全县抗疫斗争重大战略成果。在此基础上，统筹推进疫情防控和经济社会发展工作，抓紧恢复生产生活秩序，取得显著成效，充分展现了德清精神、德清力量、德清担当。

图书在版编目(CIP)数据

初心不变　再展新程:中国共产党德清纪事 / 中共德清县委党史研究室, 德清县档案馆编. -- 北京:人民日报出版社,2021.6

ISBN 978-7-5115-7044-4

Ⅰ. ①初…　Ⅱ. ①中…　②德…　Ⅲ. ①中国共产党－地方组织－党史－德清县　Ⅳ. ①D235.554

中国版本图书馆CIP数据核字(2021)第093320号

书　　名: 初心不变　再展新程:中国共产党德清纪事
CHUXIN BUBIAN ZAIZHAN XINCHENG:
ZHONGGUOGONGCHANDANG DEQING JISHI
作　　者: 中共德清县委党史研究室　德清县档案馆

出 版 人: 刘华新
责任编辑: 程文静　杨晨叶
封面设计: 书道闻香

出版发行: 人民日报出版社
社　　址: 北京金台西路2号
邮政编码: 100733
发行热线: (010)65369527　65369512　65369509　65369510
邮购热线: (010)65369530
编辑热线: (010)65363530
网　　址: www.peopledailypress.com
经　　销: 新华书店
印　　刷: 杭州万星印务有限公司
法律顾问: 北京科宇律师事务所　010-83622312

开　　本: 710mm×1000mm　1/16
字　　数: 228千字
印　　张: 16.25
版次印次: 2021年6月第1版　2021年6月第1次印刷

书　　号: ISBN 978-7-5115-7044-4
定　　价: 98.00元